KB159323

4·19혁명을
묻는 십대에게

하루 한 봉지씩 뜯어 보는 독서 라면
4·19 혁명을 묻는 십대에게

세상을묻는십대

초판 1쇄 발행 2022년 4월 15일
초판 2쇄 발행 2023년 5월 20일

글쓴이   김재원
그린이   이시누
펴낸이   이영선
책임편집   김영아

편집   이일규 김선정 김문정 김종훈 이민재 김영아 이현정 차소영
디자인   김회량 위수연
독자본부   김일신 정혜영 김연수 김민수 박정래 손미경 김동욱

펴낸곳 서해문집 | 출판등록 1989년 3월 16일(제406-2005-000047호)
주소 경기도 파주시 광인사길 217(파주출판도시)
전화 (031)955-7470 | 팩스 (031)955-7469
홈페이지 www.booksea.co.kr | 이메일 shmj21@hanmail.net

하루 한 봉지씩 뜯어 보는 독서 간편식

4·19혁명을 묻는 십대에게

김재원 글
이시누 그림

서해문집

최고의 라면에 도전하라!
현대사를 공부하는 가장 맛있는 방법!
역사를 보는 새로운 시각!

"이제는 지식도 끓여 먹는다."
"역사 공부는 사실 라면 끓이는 것과 같아.
끓이는 사람에 따라 라면 맛이 달라지듯,
역사도 사람에 따라 다르게 다가오지."
"어른들이 끓이지 못한 독서 라면,
지금부터 우리가 끓일게요!"

#냄비에 물 붓고 불 켜기
1960년 4월,
혁명을 가능케 한 수만 가지 이유

#끓는 물에 면과 분말수프 넣기
욕심이 과했던 그때,
그 사람들이 맞이한 세상

전

#펄펄 끓이기
변화된 세상 속
변하지 않은 사람들

결

#끓인 라면으로 차린 미완성 식탁
이 책은 에필로그가 없다,
우리는 여전히 혁명 중이기에

———— 163

프롤로그

#허기를 느끼다
한국에
'민주주의'의
꽃은 피었을까?

한국에 '민주주의'의 꽃은 피었을까?

유구한 역사와 전통에 빛나는 우리 대한국민은 3·1 운동으로 건립된 대한민국임시정부의 법통과 불의에 항거한 **4·19 민주 이념을 계승**하고, 조국의 민주개혁과 평화적 통일의 사명에 입각하여 정의·인도와 동포애로써 민족의 단결을 공고히 하고, 모든 사회적 폐습과 불의를 타파하며, 자율과 조화를 바탕으로 자유민주적 기본 질서를 더욱 확고히 하여 정치·경제·사회·문화의 모든 영역에 있어서 각인의 기회를 균등히 하고, 능력을 최고도로 발휘하게 하며, 자유와 권리에 따르는 책임과 의무를 완수하게 하여, 안으로는 국민 생활의 균등한 향상을 기하고 밖으로는 항구적인 세계 평화와 인류 공영에 이바지함으로써 우리들과 우리들의 자손의 안전과 자유와 행복을 영원히 확보할 것을 다짐하면서 1948년 7월 12일에 제정되고 8차에 걸쳐 개정된 헌법을 이제 국회의 의결을 거쳐 국민투표에 의하여 개정한다.

이해하기 힘들 정도로 긴 만연체에, 복잡하며, 뒤죽박죽 좋은 말은 다 가져다가 붙여놓은 것만 같은 이 글의 정체는 뭘까요? 다름 아닌 대한민국 헌법 전문입니다. 한 번쯤은 스치듯 봤을지도 모르겠어요. 그런데 왜 굳이 저렇게까지 길고 복잡하게 썼을까를 고민해본 적 있나요? 답은 어쩌면 단순합니다. 수천만 대한민국 국민의 다양한 생각을 민주주의라는 이념 안에서 '단 하나'의 문장으로 설명하기 위한 극약 처방이기 때문이에요.

민주주의가 그렇습니다. 그냥 듣기에는 무엇인가 뚜렷하고 확실한 '정의' 혹은 '개념'으로 설명이 가능할 것만 같지만, 사실 민주주의를 설명하기란 여간 어려운 일이 아닙니다. "국가의 주권이 국민에게 있고 국민을 위하여 정치를 행하는 제도, 또는 그러한 정치를 지향하는 사상"–이런 백과사전식 설명으로는 대한민국 국민 대다수가 원하는 정치 제도와 사상을 한

눈에 그려줄 수 없는 노릇인 거예요. 여러분도 대한민국 국민이고 지금 이 글을 쓰고 있는 저도 대한민국 국민이지만, 우리는 단 한 번도 "제가 생각하는 민주주의는 이렇습니다"라고 이야기해본 일이 없으니까요. 가장 가까운 가족이나 친구와도 그런 종류의 대화는 잘 하지 않잖아요?

여기서부터 하나씩 풀어보면 대한민국 헌법 전문이 왜 저렇게까지 긴지 이해가 가기 시작합니다. 민주주의에 대한 여러 국민의 다양한 사고를 '교집합'으로 만든 것일 테니까요. 이즈음 해서 우리가 생각해봐야 하는 질문이 있어요. 국민의 다양한 생각을 교집합으로 묶어낸 대한민국의 정치 지향은 대체 '무엇을 계승하고 있을까?'라는 질문입니다. 이 책은 역사책이니까요.

자, 그럼 앞부분을 유심히 볼까요? "3·1 운동으로 건립된 대한민국임시정부"와 "4·19 민주이념"이라고 명시된 부분입니다. 놀랍게도 '4·19'라는 숫자는 서슬 퍼런 신군부의 제5공화국 헌법을 제외하고는 1963년 헌법 개정 이후 모든 버전의 전문 안에 자리 잡았던 '대한민국 민주주의의 상징'과도 같은 것이었어요. 3·1 운동은 그렇다 치더라도, '4·19'가 뭐기에? 대체 왜 헌법 전문 뒤에 붙은 온갖 좋은 말과 단어가 '4·19'에서부터 출발했다는 걸까요?

전문을 가만히 들여다보니, 여기서 또 의문이 생깁니다. 잠깐 전문의 끝부분을 유심히 볼게요. "영원히 확보할 것을 다짐하면서"라는 부분이죠. 민주주의를 꾸미기 위해 아름답게 길게 늘여 쓴 온갖 미사여구가 모두 확보된 것이 아니라, 확보'해야 할' 것들이라는 부분입니다. 이는 곧 민주주의를 쟁취하기 위한 과정에서 '4·19'가 완성이 아니라 출발이라는 소리 아닌가요? 그 여정이 여전히 진행형이라는 뜻이기도 하겠죠. 민주주의의 꽃이 활짝 피었다가 아니라, 싹을 틔웠다는 말이 더 어울릴 것 같네요.

대체 '4·19'라는 숫자가 뭐기에, 왜 여기서부터 출발해서 민주주의를 확보해야 하는 걸까요? 어쩌다가 5000만 명이 넘는 대한민국 국민의 다양한 생각 속에서 찾아낸 '민주주의 교집합' 속에 대표로 자리 잡을 수 있었을까요? '4·19'는 왜 대한민국 민주주의의 출발이 됐을까요?

이 질문에 답을 하기 위해서는 생각보다 많은 이야기가 필요합니다. 원래 역사를 공부하는 재미가 그런 겁니다. 들을 때는 잡다한 것 같지만, 듣고 나면 이해가 쉬워지는 수많은 '쓸데없는' 이야기의 총합이 바로 역사예요. 복잡하고 다양한 이야기들을 하나의 사건으로 연결하다 보면 '여기서 다 만나네?'라는 생각이 드는 거죠.

지금부터 이 책에서는 헌법 전문에 적힌 저 '4·19'를 '4월 혁명'이라고 할게요. 뒤에서 더 자세히 설명하겠지만, '4·19'라는 사건은 4월 19일 하루에만 있었던 일이 아니라 '4월 한 달', 어쩌면 그보다도 긴 시간 동안 치열하게 전개된 사건이었어요. 그리고 그 사건이 대한민국 헌법 전문에 명시될 만큼 거대한 변화의 출발이었기에 '혁명'이라고 하겠습니다.

자, 이제 '4월 혁명'이라는 맛있는 라면을 끓여봅시다. 먼저 라면을 끓이기 위해서는 그만큼 맛있는 재료를 준비해야 합니다. 별것 아닌 것 같지만, 라면 봉지에 적힌 설명도 꼼꼼하게 챙겨봐야 제대로 된 라면을 즐길 수 있잖아요. 라면을 끓이고 먹는 데도 순서가 있는 거랍니다.

그럼 본격적으로 이제부터 옛날이야기를 해야겠네요. 생각보다 먼 예전의 일이에요. 여러분의 아버지, 어머니가 태어나기도 전의 일일 테니까요. 한국 땅에 민주주의의 새싹이 돋기 시작한 바로 그 시점에서 시작해야겠습니다. 새싹이 나기 전, 암흑 같던 그 시절입니다.

#냄비에 물 붓고 불 켜기
1960년 4월,
혁명을 가능케 한
수만 가지 이유

4월 혁명의 시작과 끝에 선 한 인물, 이승만

냄비에 불 켜기 전, 재료부터 골라봅시다. 가장 주재료는 뭘까요? 이 책에서는 주재료 중 하나로 '사람'을 골랐어요. 바로 이승만입니다. 대한민국 헌법 전문에까지 떡하니 명시된 '4·19'라는 중차대한 사건을 단 한 명의 권력욕으로 설명하는 것은 있을 수 없는 일입니다. 얼마나 많은 역사적 맥락과 구조적 문제가 얽히고설켜 나타난 사건이었을지 상상하기도 쉽지 않아요.

하지만 이승만을 빼놓고는 4월 혁명을 이야기할 수 없지요.

모든 것의 시작이자 끝이라고도 할 수 있는 사람이니까요. 이 사람의 인생을 살피다 보면 느껴지는 점이 있거든요. 그래서인지 흔히 4월 혁명의 원인을 이야기할 때 이승만의 '권력욕'을 강조하기도 해요. 그의 권력에 대한 강한 집착에서 시작된 일이라고요. 과연 정말 그럴까요?

단순히 이승만을 욕망에 사로잡힌 '욕심쟁이'라고 하기에는 표현에 모자란 감이 없지 않아요. 왜냐하면 의외로 이루어낸 일도 많은 사람이 바로 이승만이기 때문이죠. 대체 그는 어떤 사람일까요? 이승만은 어떤 삶을 살았던 걸까요?

이승만은 1875년에 지금의 북한 땅인 황해도 평산군에서 태어났어요. 1875년이라니, 생각보다 오래전 사람이죠. 그 유명한 강화도 조약이 체결되기 한 해 전에 태어난 겁니다. 교과서에서 봤던 그 단어, 바로 '근대'라는 거대한 파도가 한국 땅에 제대로 밀려오기도 전에 태어난 사람인 겁니다.

하지만 이승만의 출생을 이야기할 때 우리가 주목해야 하는 건 태어난 해가 아니에요. 바로 그의 태생입니다. 이승만의 본관은 전주예요. 그러니까 전주 이 씨, 당시 조선 왕실의 핏줄과 같다는 겁니다. '양녕대군의 16대손'이라는 보기 좋은 타이틀도 갖추었죠. 태어난 순서로는 셋째 아들이지만, 두 형이 일찍 죽는 바람에 장손으로 컸습니다.

여기서부터 그의 자긍심이 만들어졌어요. '왕실의 자손'이라는 자긍심이죠. 실제로 그는 여러 나라를 돌아다니며 외국 사람에게 자신을 소개할 때 '프린스 리(Prince Lee)'라고 했거든요. 전주 이 씨라는 자긍심은 이승만을 지탱하는 주춧돌이었어요.

이승만이 태어나고 곧(1877) 그의 가족은 서울로 이사합니다. 서울에서 그는 너무나도 자연스럽게 서당에 다니며 전통 학문을 익혔지요. 생각만 해도 어려워 보이는 '사서삼경' 같은 한문 공부였습니다. 당시 조선은 근대 학문의 뿌리가 영글기 전이었어요. 양반 가문이라면 누구나 그렇듯 이승만도 과거 시험만을 바라보며 '서당 공부'에 매진했습니다.

하지만 그의 인생 앞에 첫 번째 거대한 변화가 펼쳐지게 됩니다. 바로 1894년 과거제가 폐지되고 곧 조선에서는 **근대 교육**이 시작됐죠. 나라가 천지개벽하기 시작한 겁니다. 과거 시험 하나만을 위해 달려가던 이승만은 빠르게 시대의 변화를 감지합니다. 그리고 곧 근대 학문 기관이었던 **배재학당**에 입학하죠(1895).

배제학당에 입학함과 동시에 이승만은 근대적 사고를 빠르게 익혀 나가기 시작했어요. 그러고는 비슷한 생각을 가진 청

파슬슬

근대 교육

근대 교육은 18세기 유럽을 중심으로 계몽주의 바탕의 공교육 시스템이 나타나면서 시작됩니다. 한국은 19세기 후반부터 서구 열강과 조약을 맺으면서 외국인과의 교섭이 중요해졌고, 이 과정에서 '언어'가 가장 중요한 화두로 떠오르며 '외국어 교육'을 시작으로 근대 교육이 시작됩니다. 1886년 육영공원을 시작으로 배재학당, 경신학교, 이화학당 등의 사립 학교가 선교사에 의해 만들어졌습니다. 1894년 갑오개혁으로 교육 제도에서도 큰 변화가 일어납니다. 과거제도가 폐지되고 학무아문(學務衙門)이 생겼고, 소학교와 사범학교를 세우겠다고 발표합니다. 뒤이어 1895년 2월 고종은 '교육입국조서'를 발표하면서 조선에도 근대 교육이 본격화될 것임을 천명합니다. 하지만 1910년 국권피탈 이후 36년간 조선 땅에서의 교육은 조선총독부에서 주도한 '교육령'을 통해 이루어지게 됩니다.

년들과 모임(협성회)을 만들어 글을 쓰기 시작했어요. 그 글을 모아 신문(《협성회회보》)도 만들었죠. 그의 머릿속에서 '계몽'과 '교육'의 중요성이 각인된 순간이었어요.

　이후 이승만은 스스로 무너져가는 조국의 '계몽적 지식인'이 되리라 마음먹었어요. 남보다 빨리 근대 학문을 익힌 본인이 앞장서서 국민을 계몽하고 교육해야 한다는 믿음으로, 몸 바쳐 국민 계몽 활동에 투신합니다. 그 믿음은 만민공동회와 독립협회 활동으로 이어졌고, 결국 중추원 의관에 임명되어 나라를 위해 일할 기회도 생겼어요. 하지만 얼마 못 가 '고종

배재학당은 미국 선교사인 아펜젤러가 1885년 정동에 세운 근대 교육 기관입니다. 방 두 칸의 벽을 헐어 만든 교실에서 두 명의 학생에게 영어를 비롯한 근대 학문을 가르치면서 학교의 역사가 시작됐습니다. 이후 1886년 6월 고종은 '배재학당(培材學堂)'이라 친히 이름을 지어주고 간판까지 써줄 만큼 관심을 보였습니다. 배재학당에서는 일반 교육 활동 외에도 연설회나 토론회 등 다양한 행사를 열거나 학생의 사회 참여를 권장했습니다. 당시 배재학당에 설치됐던 '인쇄부'는 한국에 만들어진 근대식 인쇄 시설의 효시가 되기도 했습니다.

황제 폐위 음모 사건'에 연루되어 무려 5년이 넘는 시간 동안 이나 감옥에 갇혀야 했지요.

아마도 이승만의 인생에서 가장 힘들고 치욕스러웠을 이 기간 동안 그는 여러 권의 책을 쓰고, 글쓰기를 이어 나갔어요. 그리고 형기를 마치고 출소했죠. 그가 감옥에서 나온 1904년 은 조선뿐만 아니라 세계적으로도 엄청난 변화가 일어나던 때 였어요. 러시아와 일본은 조선을 두고 한판 대결을 벌이고 있 었죠. 바로 **러일 전쟁**입니다. 바로 이 순간 이승만의 머릿속에 떠오른 건 미국이었습니다. 이승만은 조선의 독립을 미국에 직접 요청하기로 마음먹고 미국 땅으로 향합니다.

여기서 바로 그의 인생에 거대한 두 번째 변화가 시작되죠. 두 번째 변화는 미국의 힘, 아니 그보다 더 넓은 '외교의 힘'을 느끼게 된 겁니다. 미국에서 이승만은 한국에서 연을 맺었던 선교사들을 만나며 미국의 정치인을 소개받습니다. 국회의원 을 비롯해 국무장관, 심지어 대통령(시어도어 루스벨트)과도 면 담을 하게 됐죠. 여러 차례 미국의 '높은 분'들과 자리를 가졌 지만 결국 미국이 일본을 지지하는 모습을 눈앞에서 바라보며

'외교'라는 근대적 국제 관계에 눈을 뜨게 됩니다.

그러고는 곧 그 외교를 제대로 공부하겠다고 마음먹어요. 워싱턴에 있는 조지워싱턴 대학에 입학하고, 하버드 대학에서 석사학위를 받았죠. 그리고 프린스턴 대학에서 박사학위를 받습니다. 이 모든 일이 6년 만에 벌어진 일이었어요. 이승만의 천재성을 논할 것까지야 없겠지만, 그가 얼마나 치열하게 공부했는지는 알 수 있는 대목입니다.

파두기

러일 전쟁　　1904년 2월 8일 일본 해군이 중국 뤼순 군항을 기습적으로 공격하면서 시작된 일본과 러시아 사이의 전쟁을 말합니다. 당시 일본과 러시아는 만주와 한반도를 놓고 주도권 쟁탈전을 벌이고 있었습니다. 특히 태평양 연안에서 부동항을 차지하려는 러시아와 대륙으로 진출하기 위해서는 한반도가 필요했던 일본은 조선을 사이에 두고 치열한 전투를 벌이게 됩니다. 이 전쟁의 결과 일본은 승전국이 되고 1905년 9월 포츠머스 조약이 체결됩니다. 러일 전쟁 이후 패전국 러시아에서는 혁명 운동의 불꽃이 일어나기 시작했고, 일본은 한반도의 지배권을 공고하게 하며 만주 진출을 확정합니다.

졸업 후 이승만은 이미 망해버린 조국으로 돌아와 YMCA에 가입하고 다시 조선에서 계몽운동을 시작했어요. 하지만 그것도 잠시, 1912년 '105인 사건'에 연루되어 일제의 압박을 견디지 못하고 다시 미국으로 가게 됐어요. 1913년부터는 하와이 호놀룰루에서 독립운동을 시작하죠. 하와이에서도 그의 강력한 믿음은 바뀌지 않았어요. 이승만은 계몽과 교육을 통한 국민의 '실력 양성'이 독립을 위한 답이라 여겼고, 그 믿음을 실천하는 방향으로 독립운동을 이끌어갑니다.

1918년 제1차 세계대전이 끝나갈 무렵 이승만은 외교의

파송송

YMCA
(황성기독교
청년회)

1903년 미국인 질레트의 지도로 설립된 단체입니다. 초기에는 윤치호·이승만·김규식·김정식·신흥우 등이 참여했고, 신앙운동뿐 아니라 토론회, 계몽운동, 지역의 체육 지도나 농촌운동도 전개하면서 민족운동의 선구적 역할을 했습니다. 이승만이 학생부 간사로 활동하기 시작한 1910년 말부터는 학생운동이 집중적으로 전개되기도 했습니다. 국권피탈 이후 황성기독교청년회의 활동도 일제의 직접적인 탄압을 받게 됐으며, 1913년 4월 조선중앙기독교청년회로 명칭이 바뀌면서 일본 YMCA 산하에 놓이게 됩니다.

힘을 쓸 기회가 왔다는 걸 포착합니다. 바로 미국의 윌슨 대통령이 주창한 '민족 자결주의' 때문이었어요. 이승만은 이때 한국을 국제연맹의 위임 통치하에 둘 것을 요청하는 청원서를 윌슨 대통령에게 제출했어요. 그가 미국에서 배운 외교의 힘을 믿어보기로 한 것이죠. 하지만 일본은 그리 만만치 않았어요. 심지어 제1차 세계대전의 승전국이었기 때문에 이승만의 주장이 통할 리 없었죠.

계란탁

민족 자결주의

1919년 1월부터 제1차 세계대전을 마무리하기 위해 승전국들의 강화 회의가 파리에서 개최됩니다. 강화 회의의 기본 원칙은 미국 윌슨 대통령이 주창한 14개조의 '평화 원칙'이었습니다. 그중 하나인 민족 자결주의 원칙은 한 민족이 다른 민족이나 국가의 간섭을 받지 않고, 자신의 정치적 운명을 스스로 결정하는 권리를 실현할 수 있다는 것이었습니다. 이 원칙은 식민지 상태에서 해방과 독립을 열망하는 약소민족에게 큰 희망을 안겨주었습니다. 하지만 이 원칙은 제1차 세계대전 이후 패전국들이 다시 전쟁을 일으키지 못하도록 그들의 식민지를 빼앗고, 영국과 프랑스가 패전국의 식민지를 차지하지 못하게 하기 위해 제시된 고도의 외교적 언사에 불과했습니다. 결국 윌슨이 주창한 민족 자결주의 원칙은 승전국의 식민지에는 적용되지 않고, 패전국이나 러시아의 지배하에 있던 약소민족에게만 적용됐습니다.

하지만 이러한 외교적 노력의 결과로 이승만은 1919년 3·1운동 직후 만들어진 다양한 임시정부 조직에서 외무총장이나 국무총리 등으로 임명되게 됩니다. 그야말로 이승만이 거물급 독립운동가로 공인되어버린 것이죠. 그런데 문제는 여기서부터 생겼어요. 바로 이 '공인'이 이승만을 '자아도취'에 빠지게 만들었던 겁니다.

얼마 뒤 이승만은 스스로를 '대한민국 대통령'으로 서명한 편지를 각국 지도자에게 보냈어요. 정확히는 '프레지던트(President)'라는 영어 표현이었습니다. 임시정부 규정에는 '프레지던트'라는 직함이 없었기 때문에 문제가 될 수밖에 없었죠. 그리고 이 단어의 번역을 '대통령'으로 하면서 문제가 더 복잡해지게 됐어요. 하지만 결국 말이 씨가 되어버린 것인지도 모르겠습니다. 얼마 뒤 새롭게 통합된 '상하이 임시정부'에서는 이승만을 임시 대통령으로 추대했고, 6개월간 임시정부 대통령직을 수행하게 됐거든요.

이후 이승만은 미국으로 건너가 대한민국임시정부 전권 대사로 활동하다가 제대로 된 결실을 맺지 못하고 1922년 하와이로 돌연 돌아가 버립니다. 교육과 종교 활동에 전념하던 그는 1924년 11월 호놀룰루에서 조직된 대한인동지회 종신 총재에 취임했어요. 이후 상하이 임시정부에서는 이승만이 대통령의 역할을 제대로 수행하지도 않고, 임시정부 의정원의 결의를 무시한다는 이유로 그를 탄핵해버립니다. 이승만이 맞은 첫 탄핵이었죠. 그로부터 36년 뒤 국민 탄핵을 받을 것이라고는 상상조차 하지 못했을 쓰라린 첫 경험이었어요.

하지만 이승만은 굴하지 않고 하와이에서 외교 활동을 중심으로 독립운동을 이어갔습니다. 특히 국제연맹에서 조선의 독립을 주장하는 일에 열정을 보였습니다. 외교 활동으로 인한 독립운동의 성과가 쌓이기 시작하면서 1933년 이승만은 임시정부에 복귀합니다. 그리고 곧 **태평양 전쟁**이 발발했죠.

일본이 미국과 적국이 되자 이승만은 본격적으로 미국 정부에 임시정부를 한국의 공식 정부로 승인해줄 것을 요청합니다. 그가 믿어온 외교를 통한 독립운동이 효과를 내기 시작한 시점도 바로 이때입니다. 〈미국의 소리〉라는 방송을 통해 한국 독립운동의 필요성을 전파하고, 미국의 전략국과 한국의 광복군이 공동 군사 작전을 수행할 수 있도록 연결을 주선하기도 했습니다. 비록 1945년 태평양 전쟁이 끝날 때까지 임시정부를 승인하지는 않았지만, 이 시기의 활동으로 한국은 일본의 패전 이후 '독립된 국가'로서 인정받을 수 있었어요.

1945년 8월 15일, 드디어 꿈에 바라던 해방이 됩니다. 그의 인생에 세 번째로 거대한 변화의 파도가 치는 순간이었죠. 바로 '이념 전쟁'의 시작이었습니다. 그 파도를 타고 이승만은

파두기

태평양 전쟁

일본은 1932년 괴뢰 국가인 만주국을 만든 후 중국 본토를 침략하기 위해 중일 전쟁을 일으켰습니다. 하지만 이 전쟁이 생각보다 길어지면서 원활한 군수물자 공급을 위해 전선을 동남아시아로 확장했습니다. 이후 독일, 이탈리아와 손을 잡고 3국 동맹을 맺었어요. 이후 미국은 일본의 전선 확장에 경고를 하며 일본으로 가는 석유 수출을 막아버리는 등 모든 교역을 금지했습니다. 천연자원이 나지 않는 일본은 미국이 교역을 막아버리자 위기를 맞았고, 결국 미국의 태평양 함대가 주둔해 있는 진주만을 기습하면서 미국과 일본의 태평양 전쟁이 시작됐습니다. 전쟁은 주로 태평양 지역의 여러 섬을 사이에 두고 벌어진 해상전과 공중전이었습니다. 전세가 미국에 유리하게 전개되던 중 일본 나가사키와 히로시마에 원자 폭탄이 투하되면서 일본은 1945년 8월 15일 패전을 선언합니다.

'반공'이라는 강력한 '안티 이념(한 이념에 대해 부정하고 대립하는 이념)'을 가진 채 1945년 10월 16일 분단된 조국으로 귀국합니다. 그가 찾은 땅은 삼팔선 이남의 남한 땅이었습니다.

귀국 이후 이승만은 직접 조직(**독립촉성중앙협의회**)을 만들고 그 조직을 통해 강력한 반공주의를 실천해 나갔어요. 좌익 출신 인사와는 연을 맺지 않을 뿐 아니라 좌우 통합의 분위기에도 반대를 이어 나가죠. 심지어 미국과 소련이 타협점을 찾아 한반도 문제를 해결하려 하자 미소공동위원회에 반대를 표시하기도 했어요. 결국 1946년 6월 정읍에서 "남쪽만의 임시 정부 혹은 위원회 조직이 필요"하다는 발언(정읍 발언)을 하며 단독 정부 수립으로 정치 노선을 결정했어요.

이후 1947년 9월 미소공동위원회가 결렬되자 한반도 문제는 유엔으로 이관됐고, 이후 '유엔 감시하의 선거'가 시작됩니다. 사실상 남한만의 선거였어요. 이승만은 1948년 5월 10일 실시된 국회의원 선거에서 동대문구 갑 지역구로 출마했고, 당선됐죠. 그리고 1948년 5월 31일 소집된 대한민국 첫 국회 회의에서 의장으로 선출됐고, 7월 20일 국회에서 진행된 간접 선거로 대한민국 초대 대통령에 선출됩니다.

자, 이제 그의 권력 욕심이 조금 보이시나요? 아니면 조선의 독립을 위해 인생을 투신한 애국지사가 보이시나요? 그것

독립촉성 중앙협의회

독립촉성중앙협의회는 1945년 10월 23일에 조직된 우파 정치 단체 중 하나였습니다. '자주 독립 촉진'을 목적으로 내건 독립촉성중앙협의회를 이끈 사람은 이승만이었어요. 이승만은 최고 정치 지도 기구를 구성하자는 취지로 한국민주당, 국민당, 건국동맹, 조선공산당 등의 정당과 200여 개의 사회·문화 단체 대표를 초청해 회의를 열었습니다. 바로 여기에서 독립촉성중앙협의회를 결성하게 됐죠. 이승만이 총재로 추대되고, 다음 달인 11월 회의에서 '조선의 즉시 독립'과 '38도선 철거' 그리고 '신탁 통치 절대 반대'를 선언합니다. 특히 독립촉성중앙협의회는 신탁 통치 반대 운동을 활발히 전개하면서 남한 대중의 뇌리에 깊이 각인되기 시작합니다. 그러나 이때 좌익 조직이 이승만 주도의 노선에 반발하면서 독립촉성중앙협의회는 분열되는 듯했지만, 모스크바 3국 외상회의에서 신탁 통치안이 채택되자 1946년 2월 김구를 끌어안으며 대한독립촉성국민회를 발족하고 거대 우파 조직으로 변화합니다. 하지만 이승만 계열을 제외한 나머지 사람들이 1946년 6월에 있었던 이승만의 정읍 발언에 반대하면서 대한독립촉성국민회는 친이승만 계열만 남게 됩니다. 이승만 정권 당시인 1951년에는 이름을 자유당으로 바꿔 정당으로 변신하게 되죠.

도 아니면 공산화를 막고 '자유 대한민국'을 만들기 위해 노력한 보수적 정치인이 보이시나요? 모두가 이승만을 수식하는 표현일 수 있겠습니다. 이 인생만으로 4월 혁명의 시작을 파악하기는 쉽지 않을 거예요.

하지만 권력을 잡고 난 뒤부터 이승만의 인생은 조금씩 변해갔어요. 한번 잡은 권력을 놓기가 힘들었을까요? 이승만의 인생은 대통령 집권 이후 전혀 다른 방향으로 흘러가기 시작했어요. 어느 순간 그의 머릿속에서는 권력을 독점하고자 하는 욕망'만'이 자리하게 됐어요. 그 '욕망'은 한국 전쟁 이후 더욱 가속화되기 시작했죠. '무지몽매'한 대중에게 공산주의의 위험성을 제대로 알리기 위해서는 이승만 본인과 본인 생각에 동의하는 주변 사람들이 권력을 독점하고 유지해야 한다고 생각하기 시작한 것이었어요.

이승만이 어떤 과정을 통해 그 생각을 현실화해 나가는지를 알기 위해서는 이승만이라는 개인과 더불어 다양한 조건을 살펴봐야 해요. 그중 하나가 바로 교육이에요. 4월 혁명의 시작과 끝에 이승만이 있다면, 혁명이 일어날 수 있었던 전제 조건에는 바로 교육이 있었거든요. 한국인의 교육에 대한 오랜 열망 그리고 그 교육열을 그 나름대로 껴안았던 이승만의 '제1공화국'에 대한 이야기입니다.

한국의 교육열이
빛날 때'도' 있다

한국은 교육에 '미친' 나라예요. 그 미친 듯한 열정이 2022년 현실에서는 부정적으로 느껴지기도 합니다. 유치원에서부터 입시를 준비하며, 초등학교 때 이미 밤늦게까지 학원가를 전전하는 아이들이 보이지요. 지옥 같은 중학교 시절을 보내고 나면 진짜 지옥인 고등학교 생활이 시작됩니다. 이 미친 듯한 열정은 대학 입시로 일단 종결이 되는 듯하죠. 하지만 곧 2차전이 시작됩니다. 다시 열정을 짜내어 공무원, 고시 등 취업 교육으로 다시 불타올라야 하는 지경이에요.

생각만 해도 머리 아픈 이 불타는 열정이 아주 긍정적으로 발현된 시절이 있었습니다. 그것이 바로 4월 혁명입니다. 흔히 '학생 혁명'으로 불릴 정도로 4월 혁명은 학교에서 시작됐다고 해도 과언이 아니에요. 어쩌면 학생은 학교에서 배운 대로 민주주의를 실천한 것뿐이었을 테니까요.

단지 부정적이지만은 않았던 당시의 교육열은 어떤 과정을 통해 완성된 것일까요? 그리 오래전 일은 아닙니다. 근대가 시작되던 바로 그때의 일입니다. 자신이 태어난 신분에 따라 귀속적으로 지위가 결정되던 전근대 이데올로기가 무너지고 능력만 있으면 경쟁을 거쳐 원하는 지위를 획득하는 일이 가능해진 겁니다. 이승만이 배재학당에 입학한 바로 그때였어요. 새로운 배움, 즉 근대 교육을 수료했다는 '학력'이 개인의 능력을 판단하는 기준이 되기 시작한 때였죠. 놀랍게도 여기서부터 한국의 교육열이 출발했어요.

하지만 조선의 교육열은 안타깝게도 왜곡된 형태로 꼬여버렸어요. 바로 일제강점기를 거치면서 말이죠. 이 시기에 일제가 강압적으로 만들어낸 '교육법(**조선교육령**)'은 조선의 지식인이 생각했던 계몽운동의 성격과는 결이 달랐습니다. 지식인에게 민중의 계몽은 잃어버린 주권을 회복하고, 교육을 통해 산업을 진흥시키는 것이었죠. 하지만 일제가 생각한 조선의 교육은 달랐던 거예요. 충실한 제국의 신민을 양성함과 동시에 뭐든 '적당히'(보통학교) 배우고, 더 배우려거든 '실업'(전문학

계란탁

조선교육령

일제는 1911년부터 4차에 걸쳐 조선의 교육 과정을 '식민지 정책'에 맞춰 실시했습니다. 제1차 교육령에서는 일본어 학습을 강요하고, 가장 기초가 되는 '보통 교육'의 수업 연한을 일본에 비해 단축해서 실시했습니다. 3·1 운동 후 개정된 1922년 제2차 교육령에서는 교육 시설을 '3면 1교(3개 면에 하나의 학교)'로 확대하고, 보통 교육을 6년으로 연장하기도 했습니다. 또한 사범학교를 설치하고 고등 교육도 일부분 인정했습니다. 중일 전쟁 이후 개정된 1938년 제3차 교육령에서는 보통학교를 소학교, 고등보통학교를 중학교로 변경하면서 학교 명칭을 모두 일본과 똑같이 맞췄습니다. 하지만 필수 과목이던 조선어를 선택 과목으로 바꾸고, 일본어 사용을 강제하고 조선어 사용을 금지했습니다. 〈황국신민서사(皇國臣民誓詞)〉 암송과 같은 내선 일체에 관련된 교육이 실시된 것도 이때부터였습니다. 태평양 전쟁 이후 개정된 1943년 제4차 교육령에서는 조선어 과목이 삭제되고, 군부에 의한 교육 통제가 시작됐습니다. 교과서는 그들의 침략 정책에 맞도록 새롭게 편찬됐고, 조선어 말살 정책도 함께 실시됐습니다. 더불어 이를 따르지 않는 학교는 폐쇄 조치됐습니다.

교)에 충실하도록 교육했던 겁니다.

일제강점기였지만 전문직이나 각종 임용 시험 등에서 요구되는 학력 사항이나 '지식이 힘'이라는 교육에 대한 중요성이 점점 커지면서 학교에 진학하고자 하는 욕망이 전 조선을 휩쓸게 됐어요. 자연스럽게 보통학교 진학률은 상승했고, 더 나아가 상급 학교 진학에 대한 욕구도 향상되기 시작했어요. 여기서부터 입시 경쟁이 시작되고, 교육열이 본격적으로 싹을 틔우기 시작했던 겁니다.

지금은 상상하기 힘든 이야기겠지만 당시 조선인, 그러니까 여러분의 증조부모님은 학교에 가고 싶어서 '미칠' 지경이었다는 이야기입니다. 학생이 되고 싶고, 학교생활도 하고 싶고, 학교에서 공부가 하고 싶어서 말이죠.

금년 신학기에 각 학교에서는 모든 지원자가 정원의 몇 배씩이나 몰리어 이를 다 수용할 수 없고 별별 규정을 다 마련하여 지원자의 입학 원서를 거절하였으나, 결국은 정원의 네 배 혹은 다섯 배가량의 지원서를 받아서 그중에 연령이라든지 가정

과의 관계 등 여러 가지 내규를 정하여 명 24일 오전 10시부터 시내(경성부) 각 공립보통학교에서는 학생을 선발할 터인데 금년에는 경성뿐이 아니라, 각 지방에서도 큰 혼잡을 이룬 모양이며 조선 각 도 중에 보통학교의 수효가 가장 많다 하는 경기도 각 군에서도 정원보다 몇 배의 학생이 답지하여 선발 방침에 대해 여러 가지로 고심을 하였다.

− 〈삼면일교제는 망설〉, 《동아일보》, 1922년 3월 23일

보통학교는 지금의 초등학교와 같아요. 초등학교에 가고 싶어서 안달이 난 조선인이 이렇게나 많았단 말이에요. 왜 그랬을까요? 보통학교에 가고 싶은 조선인보다 학교가 적었기 때문이었어요. 초등학교 입학 때부터 '입학난'이라고 불릴 정도의 소동을 겪어야 했던 거예요.

그럼 왜 이렇게까지 학교에 가고자 했던 것일까요? 조선인의 적극적인 교육에 대한 열망은 '때를 재고 힘을 헤아리는 것' 혹은 '실력을 비축해놓고 때를 기다리는 것'과 같은 민족의 실력 양성에 대한 열망도 포함한 것이었습니다. 특히 3·1 운동에 대한 서구 열강의 무관심은 조선의 지식인에게 스스로 강

해져야 한다는 믿음을 심어줬어요. 그리고 교육이야말로 국가와 민족의 부강을 가져오는 '근본적 힘'이라는 인식을 하게 된 것이죠. 이승만도 같은 생각을 했던 겁니다.

조선인의 교육 열망은 단지 보통학교에서 멈추지 않았어요. 조선 사람은 언제나 더 높은 수준의 교육을 원했습니다. 여기서 문제가 발생하게 된 거예요. 조선총독부는 조선인이 그이상의 교육을 받을 필요가 없다고 여겼고, 안타깝게도 조선의 지식인은 보통학교 이후의 교육 환경을 만들어줄 여건이 안 됐던 거죠.

조선에 중등 교육을 할 수 있는 기관은 제대로 마련되지 않았는데, 입학을 원하는 학생은 점점 늘어나게 됐어요. 1937년 기준으로 중등 교육 기관에 입학하고자 하는 학생의 전국 평균 경쟁률은 6 대 1을 넘어섰고, 서울시내 학교는 대부분 10 대 1을 상회하는 엄청난 경쟁률을 기록했죠. 겨우 열서너 살된 학생들이 적어도 4~5 대 1, 심하면 14~15 대 1의 살인적 입시 경쟁에 내몰려야 했던 거예요. 이러한 입시 경쟁은 조선총독부 입장에서 심각한 현상이었어요. 조선인의 입시를 위한 수험 공부는 일제가 강조하던 **황국 신민 교육** 수행에 걸림돌이 될 뿐이었죠. 보통학교에 진학하고자 하는 욕망은 일본 제국주의 사상을 주입할 수 있는 좋은 기회였지만, 중등학교 이

파두기

황국 신민 교육

일본은 만주 사변과 중일 전쟁 등으로 중국 대륙 진출을 본격화하고, 이후 전쟁이 장기화되면서 결국 제2차 세계대전 참전국으로서 미국과 태평양 전쟁을 시작하게 됩니다. 이 시기 일제는 식민지 조선에 극도에 달하는 탄압 정책을 실시합니다. 특히 조선을 전쟁에 필요한 군수 물자를 공급하는 보급창 노릇을 하게 했습니다. 나아가 이 시기부터 본격적으로 조선인의 정체성을 말살하여 일본 민족에 통합하려는 민족 말살 정책도 추진합니다. 1936년에 조선 총독으로 부임한 미나미 지로(南次郞)는 내선융화(內鮮融和) 정책을 넘어서 선만일여(鮮滿一如), 일시동인(日視同人) 등의 민족 말살 정책을 점차 확대해 나가기 시작합니다. 이를 위해 내세운 정강이 바로 조선인을 일본 천황의 신민으로 만드는 황국 신민화(皇國臣民化) 정책이었습니다. '1면(面) 1신사(神社)' 계획을 세워 한반도 곳곳에 신사를 설치하고 조선인에게 신사 참배와 〈황국신민서사〉 제창을 강요했습니다. 1938년부터 학생의 황국 신민화를 추진하기 시작했는데, 조선교육령을 개정하여 학교의 이름과 교육 과정 등을 일본 본국의 학교와 같게 하고, 조선어과를 폐지하여 조선의 말과 문자 사용을 금지하기도 했습니다. 역사 교육을 할 때도 조선사 대신 일본사를 가르쳤습니다. 황국 신민화 정책은 조선인의 정체성을 말살하여 일본이 전쟁을 위해 조선인을 원활하게 동원할 수 있는 '전시 식민지 정책'의 하나였던 겁니다.

상의 상급 학교는 사정이 달랐어요. 조선인 고급 인력을 양산하는 것, 이른바 조선인 엘리트의 양산은 식민지 체계에 큰 위협이 될 수도 있었죠.

배움이라는 것이 원래 그렇습니다. 바로 이 지점이 중요해요. 배운 사람이 적당히 많으면 국가 운영에 도움도 되고, 사회가 안정되게 돌아갈 수 있는 원동력도 되죠. 하지만 안정적인 사회 체제가 마련되지 못한 상태에서 배운 사람이 넘치게 되면 이들을 포용하지 못하고 적대 세력으로 만들어버리기 쉽습니다. 조선인과 일본인 간의 민족적 차별, 조선 내의 비정상적 산업화, 정치 참여 불가능 등이 겹쳐진 상태에서 중등 교육 이상을 받은 조선인은 늘어났고, 늘어날 수밖에 없는 상황으로 치닫고 있었던 것이죠.

이러한 상황에서도 조선총독부는 기본적으로 조선인의 교육열을 억누르는 정책을 끝까지 밀어붙입니다. 심지어 대학은 단 하나(경성제국대학)만을 설립했을 뿐이죠. 그렇지만 조선 사람의 교육에 대한 욕망은 끝까지 전혀 수그러들지 않았습니다. 입학난으로 인한 조선인 사이의 경쟁은 죽음으로까지 이어지는 결과를 낳기도 했습니다.

3월 20일, 이종희는 전주농업학교 입학시험을 치르려고 부모에게 여비 10원을 얻어 전주로 출발했다. 전주행 열차를 타려고 강경까지 왔지만, 이번에도 역시 합격할 자신이 없어 자기의 재주가 미치지 못함을 극도로 비관한 끝에 세상과 이별하기로 작정했다. 가지고 온 돈 10원 중에 남은 돈 7원은 인편으로 자기 집으로 보내고 달려드는 열차에 뛰어들어 황천길을 밟았다. 시체를 찾으러 온 유족들이 비통해하는 모습은 차마 사람으로서는 눈 뜨고 볼 수 없는 광경이었다.

– 〈시험지옥의 또 한 희생〉, 《동아일보》, 1928년 3월 25일

광산군 서방면 오치리에 사는 정해군(48세)은 지난 19일 오후 그 동리 방죽에서 뛰어내려 익사했다. 정해군의 사랑하는 아들 정경모는 올해 보통학교를 졸업하고 광주공립고등보통학교 입학시험을 치렀지만 100명 모집하는 데 542명이 응시한 입학시험을 통과하지 못했다. 수백 석 추수하는 부호 정해군은 아들의 낙제를 극도로 비관한 끝에 방죽에서 투신자살했다.

– 〈애자의 낙제를 비관 투신자살한 부친〉,《동아일보》, 1936년
3월 23일

일제로부터의 해방은 이렇듯 미친 듯한 교육열을 껴안는 것에서부터 시작해야 했어요. 더군다나 독립운동의 큰 방향성을 조선 민중의 '계몽'과 '교육'에 두었던 당시 정치인이자 '전직' 독립운동가들은 이 문제를 심각하게 받아들일 수밖에 없었죠. 해방과 동시에 새로운 나라를 만들어 나가는 과정에서 교육 체제의 수립은 꼭 필요한 일이었어요.

새 나라의 교육은 해방 이전의 '식민 교육' 시스템을 '우리나라'를 이끌어갈 근대적이고 주체적인 인재를 기른다는 원대한 목표 속에서 다시 기획되어야 했어요. 이러한 기획의 일환이 바로 이승만 정권의 교육법 제정이었습니다. 초등 교육은 물론 중등 교육까지 포괄한 새로운 국가의 새로운 교육 지침이었죠.

새로운 교육법의 핵심에는 대한민국 정부의 지향점이 명확하게 투영되어야 했습니다. 그 지향점이 바로 민주주의였죠.

민주주의 교육에 대한 지향점은 미군정기의 교육 방향에서부터 시작됐습니다. 일제강점기의 교육이 가졌던 모순을 청산하고 민주 사회를 만들어갈 수 있는 교육이 갖춰지기 시작한 거예요.

이승만 정권은 이렇게 국민의 교육에 대한 엄청난 욕망을 껴안으면서도, 교육의 내용에 민주주의라는 강력한 이념을 각인하고자 했던 겁니다. 그렇게 초등학교를 '의무교육화'하고 전쟁 통에서도 적극적으로 학교를 건립하기 시작했어요. 일제강점기에 가장 문제가 됐던 중등 교육 이상의 교육 기관도 점차 늘려 나가기 시작합니다. 1959년 기준으로 전국 7세 아동의 95.3퍼센트가 국민학교 교육을 받을 수 있게 됐고, 중등 교육 기관도 점점 늘어갔습니다.

그야말로 화끈하게 열려버린 교육의 기회는 교육열을 더욱 가속화하는 계기가 됐습니다. '식민지적 차별'이 사라진 '우리나라'에서 교육을 통한 정당한 신분 상승의 기회가 열렸다고 기대한 것이죠. 덕분에 한국의 문맹률은 20퍼센트 대까지 떨어질 수 있었고, 고등 교육을 받는 국민도 점점 늘어났어요.

터질 듯한 교육열로 인해 국민의 대학 진학 욕구 또한 엄청 났어요. 국공립 대학은 물론 사립 대학교도 점점 생기기 시작 했으니 자연스럽게 대학생 수도 늘어났죠. 1945년 기준 7000 여 명 수준의 대학생 수가 1960년에는 약 10만여 명으로 늘었 죠. 특히 대학은 대도시를 중심으로 세워졌습니다. 1955년 기 준 서울 소재 대학만 29개에 달할 정도로 서울 중심성이 강해 졌습니다.

더불어 이승만 정권의 교육 방향성이었던 민주주의 교육 또한 무르익어갔어요. 이승만 정권의 의도는 '민주주의'와 '반 공 체제'를 강화하는 도구로 강조하려 했던 것이지만, 민주주 의라는 개념은 단순히 공산주의에 반대한다는 개념으로서만 존재할 수는 없었습니다. 국민이 주인이 되고, 국민을 위한 정 치가 이루어져야 한다는 대단히 기본적인 민주주의 이념이 함 께 녹아들 수밖에 없었던 것이죠.

하지만 우리는 일제강점기 조선인과 조선총독부 사이의 긴 장을 이미 확인했습니다. 배운 사람이 적당히 많으면 좋지만 나라가 안정적이지 못한 상태에서 배운 사람이 넘치면 사회 불만이 쌓인다는 것을 확인했죠. 낮은 문맹률, 다수의 중등 교육 수료자, 심지어 대학 교육의 확장까지. 이승만 정권은 이들을 껴안을 안정적인 나라를 만들 능력이 있었을까요? 학교에서는 그렇게나 민주주의를 강조하며 가르치는데, 정작 민주주의는 어떻게 실현되고 있었을까요?

4월 혁명을 이야기하는데 왜 교육열을 이렇게나 길게 이야기하는지 모르시겠다고요? 처음에 말씀드렸던 것처럼 지금은 라면 끓일 준비를 하는 단계입니다. 혁명을 이야기하기에 앞서 쓸데없는 이야기가 이어지는 것처럼 보일지라도, 이 과정은 사실 굉장히 중요합니다. 거대한 혁명의 물결이 일렁이기 전의 조건이거든요. 다음에 이야기할 조건도 마찬가지예요. 바로 '돈' 문제였습니다.

사실 진짜 문제는
'돈'에 있었을지도 모른다

국민이 나라에 화를 내는 이유는 다양합니다. 얼마 전까지 한 국에서 벌어진 대규모 집회만 봐도 그렇잖아요. 수학 여행을 가던 수많은 학생의 억울한 죽음에 대한 진상 규명에서부터 검찰 개혁을 둘러싸고 갈라진 찬반 투쟁 그리고 '국정 농단 사 태'에 책임을 물으며 대통령을 탄핵하라고 외치기까지. 우리 는 정말 다양한 이유로 지금껏 민주주의를 실천해왔어요.

  하지만 터져버린 불만 속에는 각자가 느끼는 '개인 사정'이 녹아들어 있어요. 각자의 개인 사정에 따라 세월호 참사를 왜

곡된 한국식 자본주의의 문제로 바라보는 사람도 있고, '국정 농단 사태'를 대기업과 정치권의 정경 유착으로 바라보는 사람이 있는 겁니다. 민주주의라는 것이 그렇습니다. 이런 다양한 이념적 잣대가 자유롭게 표출될 수 있는 하나의 거대한 조건이 바로 민주주의 아니겠어요?

4월 혁명도 마찬가지입니다. 아마 혁명이 만들어진 까닭을 하나의 이유로만 설명할 수는 없을 겁니다. 다만 우리는 경제 문제 또한 혁명 폭발의 결정적 방아쇠가 됐다는 사실을 확인할 필요가 있어요. 분명 많은 사람에게 '가난'은 현실에 불만을 터뜨리게 하는 커다란 문제 중 하나였고, 그 문제는 앞서 설명한 교육 수준 성장과 함께 설명될 수 있어요.

어쩌면 문제는 단순했어요. 중등 교육 이상을 이수한 국민은 점점 늘어나는데, 그들이 일할 만한 일자리는 있는가 하는 근본적인 문제 제기였거든요. 물론 이승만 정권의 처지에서는 할 말이 있었을 거예요. "아니, 전쟁 끝난 지 얼마나 됐다고!" 라고 말이죠. 맞습니다. 당시 한국의 경제는 성장할 수 있는 시간 여유도, 조건도 갖추어지지 않았어요. 하지만 실업률이 50

퍼센트에 달했던 상황에서 '우리도 성장할 수 있다!'는, '우리도 한번 잘살 수 있다!'는 비전조차 없었던 상황은 참으로 암울했어요. 희망이 사라진 시대였다고 할 수 있겠죠.

중등 교육 이상을 수료한 이른바 엘리트 국민은 지금과 같은 암울한 현실을 비판적으로 바라보기 시작했어요. 배울 만큼 배우고도 취업할 수 없는 상황에 대한 자조 그리고 그 자조를 넘어 '국가는 지금 무엇을 하고 있나?'라는 자연스러운 사고의 확장을 이어갔던 겁니다. 국가에 책임을 넘기는 단순한 회피성 물음이 아니라, 엘리트로서 국가의 경제 개발 어젠다를 물어야 하는 일종의 '의무'였습니다.

전쟁 이후 한국의 국가 경제는 당연히 엉망이었어요. 하지만 진짜 문제는 미국의 태도 변화에서 시작됐습니다. 이승만 정권이 그나마 비빌 언덕이었던 미국의 경제 원조 시스템이 변화하고 있었거든요. 한국은 해방 이후 꾸준히 미국의 원조 경제 시스템 속에서 살아가는 나라였어요. 한국 전쟁 이후 이 시스템은 더욱 공고해질 수밖에 없었죠. 그런데 그 시스템이 흔들리기 시작한 겁니다.

한국 전쟁으로 미국의 대외 원조 비율 중 군사비 지출이 엄청나게 늘어나면서 문제가 증폭된 거예요. 쉽게 이야기하면 미국에서 한국으로 들어오는 '돈'은 한국의 경제 성장이나 개발을 위한 곳에 쓰일 수 없고, 북한(을 포함한 공산주의 국가)의 침략을 저지하는 군사적 용도로만 쓰겠다는 뜻이었어요.

미국이 그거라도 도와주려는데 뭐가 그리 원하는 것이 많으냐고요? 한국 전쟁은 한국만의 전쟁이 아니라, 전 세계적인 냉전 상황 속에서 벌어진 '국제전'이었고, 미국에도 책임이 있었던 전쟁이에요. 미국은 그 책임을 경제 원조라는 이름으로 행하고 있었던 거죠.

한국 전쟁을 거치며 한국 사회 깊숙이 침투된 미국의 원조 경제 시스템은 이승만 정권이 국가를 운영할 수 있는 거의 유일한 방법이었어요. 하지만 전쟁 대비라는 조건은 이 원조의 성격을 '군비 증강'으로 바꿔버린 겁니다. 게다가 전쟁으로 인한 심각한 물자 부족과 전쟁 비용을 위한 막대한 통화의 증발은 국내 인플레이션을 격화하는 요인이 되기도 했어요. 그야말로 경제가 폭삭 망하고 있었던 겁니다.

하지만 미국 정부도 할 말은 있었죠. 한국 정부가 스스로 경제를 성장시킬 '노력'을 하지 않는다는 불신이었어요. 특히 이승만 정권이 만들어낸 불안정한 정치 상황과 명확한 비전 없이 미국의 원조에만 의지하는 이 정권의 무능력에 대한 합리적 문제 제기였습니다. 그리하여 미국이 선택한 원조의 방향성은 '재정 지출 최소화를 통한 현상 경제 수준 유지'였습니다.

한미 간의 경제 정책을 둘러싼 의견 조율이 쉽지 않은 상황에서 북한은 1954년부터 1956년까지 3개년 경제 계획을 수립하고 소련의 원조를 받아 경제를 발전시켜 나갔어요. 제법 경제가 성장하자 북한은 남한을 향해 전략적으로 '평화 공세'를 펼쳤죠. 미국에는 이러한 북한의 움직임이 압박으로 다가오기도 했어요.

하지만 진짜 문제는 따로 있었어요. 경제 원조의 절대량이 감소했다는 사실이었죠. 한국과 미국이 경제 개발을 위한 제대로 된 방향성을 잡기도 전에 벌어진 원조 자금 삭감(과 동시에 차관 경제로의 전환)은 한국의 산업 활동 자체를 급격히 침체시켰고, 이에 따른 실업률이 급격히 높아지는 계기가 됐습니다.

엎친 데 덮친 격으로 빠르게 진행된 **농지 개혁**과 저곡가 정책으로 인해 농촌은 점점 빈곤해졌고, 농촌의 과잉 인구는 급격히 도시로 빠져나가기 시작했습니다. 도시라고 별 볼 일이 있었던 것은 아니었죠. 결국 이러한 악순환은 도시의 빈곤으로 이어지게 됩니다. 심각한 불황이 급격하게 대한민국 전체를 휘감았던 거예요. 그야말로 경제 상황이 엉망진창이었던 겁니다. 특히 도시 하층민의 생계에 큰 타격을 입혔죠. 원래 빈

ⁿ쏙쏙

농지 개혁 대한민국 정부가 만든 새로운 헌법 제86조에는 "농지는 농민에게 분배하며 그 분배 방법·소유 한도, 소유권의 내용과 한도는 법률로써 정한다"라고 규정돼 있습니다. 이에 따라 정부는 본격적으로 농지 개혁을 정책화하기 시작했습니다. 이후 1949년 6월 21일 농가 경제의 자립과 농업 생산력 증진을 위해 농지를 농민에게 적절히 분배하고자 '유상 몰수, 유상 분배' 원칙에 입각해 법률 제31호로 농지개혁법이 실시됩니다. 그러나 농지 개혁으로 인해 유상 분배에 따른 빈농의 곤란으로 자기 소유 농지를 방매하고 부농이 이를 겸병하여 신흥 지주 계층과 소작제가 부활하는 현상이 나타나기도 했습니다.

곤충이 불황에 가장 취약하거든요.

불황으로 인해 국민의 불만이 쌓이자 경제 문제가 정치·사회 문제로 확장되기 시작했어요. 1956년 정부통령 선거에서는 이러한 국민의 불만이 반영됐고, 민주당의 장면 후보가 부통령으로 당선되고 진보당의 대선 후보 **조봉암**이 그야말로 '약진'할 수 있었죠. 이에 대해서는 뒤에서 더 자세히 다루어보겠습니다.

정리하자면 이승만 정권에서 강력하고도 빠르게 추진한 교육 제도 개편으로 말미암아 생긴 높은 교육열과 이에 따른 고학력 인구 증가는 도시를 중심으로 사회 불만을 표출하기 좋은 조건을 만들었습니다. 이에 더해 경제 문제 심화에 따른 실업 문제의 가속화는 이승만 정권을 벼랑 끝으로 내몰고 있었던 것이죠. 결국 이 불만이 4월 혁명에 앞서 1956년 정부통령 선거에서 '반이승만 정서'로 미리 나타났던 것이라고 할 수 있어요.

이제 본격적으로 이승만 정권의 권력욕을 살펴볼 시간입니다. 어쩌면 이것이야말로 라면 물이 끓어오르는 본격적인 순간일 겁니다. 대체 무슨 과정을 통해 이승만은 권력의 화신이 됐던 것일까요?

계란탁

조봉암

조봉암은 일제강점기에 활동했던 공산주의 계열의 독립운동가이자 해방 이후 남한에서 활동했던 정치인입니다. 일본에서 유학 도중 도쿄 지역 유학생이 조직한 사회주의 계열의 흑도회에 가입해 활동하면서 본격적으로 독립운동에 참여했습니다. 이후 1924년 모스크바 동방지도자공산대학 단기 과정을 이수하고 귀국하여 1925년 1차, 1926년 2차 조선공산당 창당을 주도했습니다. 국내 공산주의 운동이 와해된 이후에는 중국공산당에 들어가 독립운동을 하다가 일본 경찰에 붙잡혀 투옥됐습니다. 감옥에서 나온 뒤 귀향하여 인천에서 은거 생활을 하다가 해방을 맞았습니다. 광복 후 중도적 정치 노선을 지향하며 좌우 통합에 힘쓰면서 조선공산당과 결별합니다. 이후 1948년 선거 때 인천 국회의원에 당선되면서 본격적으로 정치인의 길을 걷기 시작합니다. 정부 수립 이후 초대 농림부 장관이 되어 농지 개혁을 주도하기도 했습니다. 1952년 제2대 정부통령 선거, 1956년 정부통령 선거에서 야당 대통령 후보로 출마했다가 낙선했습니다. 이후 1957년 진보당을 창당하고 위원장이 됐다가, 1958년 1월 간첩죄 및 국가보안법 위반 혐의로 검거되어 대법원에서 사형이 확정되고 1959년 7월 사형이 집행되면서 생을 마감했습니다.

이대로 (권력을) 멈출 수는 없다!

앞서 살펴본 국가 경제의 파탄과 정권에 대한 국민의 불신에도 이승만과 자유당은 권력을 쥐고 놓지 않을 방법에만 골몰했어요. 거시적 국가 운영의 방향성을 제시하고, 그 방향성에 대한 논쟁을 해야 하는 시점에 야당과 민주 세력을 탄압하는 데만 급급하는 등 악수에 악수를 더하고만 있었어요. 자연스럽게 이승만 정권에 대한 국민의 불만은 높아져갈 수밖에 없었습니다. 4월 혁명을 있게 한 3·15 부정 선거 이전에도 권력을 잡기 위해 이승만 정권이 저지른 반민주적 행위는 수도 없이 많았어요.

이승만 정권이 권력을 유지하기 위한 반민주적 행위를 가능케 했던 데는 다양한 요인이 있었어요. 크게는 경찰과 군 내부의 협력 세력 그리고 각종 우익 단체와 청년 단체 등의 외곽 조직이었죠. 이 세 조직의 공동 작업은 이승만이 권력을 유지하는 과정에서 초기부터 중요한 역할을 했습니다. 이들의 전국적이고 체계적인 조직망은 이승만 정권이 권력을 행사할 수 있는 근간이 됐죠.

이승만 정권과 정권을 만들고 유지해준 조직의 막강한 힘은 '부산 정치 파동'을 통해 제대로 보여줄 수 있었어요. 전쟁 중이던 1952년 제2대 대통령 선거를 앞두고 벌어진 사건이었습니다. 당시 한국의 대통령 선거는 간선제였어요. 국회의원이 국민을 대신해서 대통령을 뽑는 것이었죠. 그런데 당시 국회의 비율로는 이승만이 재임에 성공하기 어려운 조건이었죠. 방법을 찾던 이승만은 대통령 직선제와 양원제로 개헌을 하자고 주장하기 시작했어요. 이대로 권력을 놓고 싶지 않았던 겁니다. 아니면 대한민국을 위해 본인이 대통령이 되어야 한다고 믿었을 수도 있겠죠.

아무튼 그러한 믿음 속에서 1952년 1월 18일 실시된 대통령 직선제 개헌안 표결에서 찬성 19, 반대 143, 기권 1표로 부결됐어요. 당연한 결과였죠. 이때 이승만은 일반 사람과는 조금 다른 생각을 하기 시작했어요. 국회에 본인의 지지 세력이 부족하니 '국회 외부 세력'을 동원해야겠다는 생각을 한 겁니다. 그렇게 개헌안 부결을 반대하는 관제 데모(공공기관에서 개입한 대모)를 시작으로 국회 외곽에서 전방위로 압박을 시작하게 된 거예요.

'민족자결단', '백골단'이라고 불리던 폭력 조직이 동원된 시위는 위압적 분위기로 부산 전역을 돌아다니며 이어졌어요. 심지어 야당 국회의원이자 국회의장이었던 신익희의 집을 포위하기까지 했어요. 말이 좋아 외곽 조직이지, 쉽게 말해 깡패를 동원해 국회의원을 협박하기 시작한 겁니다. 그들이 힘을 과시하던 그 기간에 이승만은 민족청년단장이었던 **이범석**을 내무장관에 임명하고, 1952년 5월 25일에는 경상북도, 전라남·북도 일대에 계엄령을 선포해버렸어요. 전시라는 점을 악용해서 '공비(공산당의 유격대)'를 토벌한다는 명목이었어요.

이때 경찰과 군도 함께 움직이기 시작합니다. 5월 26일, 50여 명의 국회의원이 탄 통근 버스가 통째로 헌병대에 강제 연

꼭두기
이범석

이범석은 일제강점기에 광복군 참모장 등을 역임한 독립운동가이자 해방 후 조선민족청년단을 창설하고 초대 국무총리를 역임, 이후 국방장관까지 지낸 인물입니다. 1915년 여운형과 함께 중국으로 건너간 그는 1919년 신흥무관학교 교관과 북로군정서 교관을 거쳐 청산리 대첩에서 제2제대(第二梯隊) 지휘관으로 활약했고, 1923년에는 고려혁명군을 창설하기도 했습니다. 이후 주로 중국 항일군에 소속되어 독립운동을 이어가다 1940년 9월 대한민국임시정부가 광복군 총사령부를 창설한 뒤, 제2지대장으로서 미국군과 합동 작전에 참가하고, 1945년에는 광복군의 참모장까지 역임합니다.

해방 이후 1946년 6월, 정식으로 환국하고 같은 해 10월, 조선민족청년단을 결성했지만, 국수주의적 극우 단체라는 비난을 받아 대한청년단으로 통합됩니다. 이른바 '족청'이라 불린 조선민족청년단의 이러한 활동은 이후 이승만 정권과 긴밀히 연결되는 계기가 됐습니다. 1948년 정부 수립과 함께 초대 국무총리와 국방부 장관을 겸임했고, 1950년 주중국 대사를 거쳐 같은 해 내무부 장관이 됩니다. 하지만 1953년 이승만의 '족청계' 숙청으로 자유당에서 제명됐고, 1956년 무소속으로 다시 부통령에 입후보했으나 낙선했습니다. 이후 1967년 1월 윤보선과 유진오 그리고 백낙준과 함께 4자 회담을 성사시켜 통합 야당인 신민당 출범에 큰 역할을 하게 됩니다.

행행되는 일이 벌어진 겁니다. 더불어 '국제 공산당'과 관련됐다는 혐의를 덮어씌워 열 명의 국회의원을 붙잡았죠.

분위기는 급속도로 냉각됐습니다. 국회 밖에서는 그야말로 깡패 같은 외곽 조직이 험악한 분위기를 조성하고, 계엄령을 핑계로 군대는 총으로 헌법을 유린하고, 경찰은 국가보안법을 무기로 국회의원을 마구 잡아가는 식이었어요.

결국 내무장관 이범석과 국회 내의 이승만 친위 세력은 대통령 직선제와 양원제 등을 골자로 하는 이른바 '발췌 개헌안'을 제출하게 됩니다. 1952년 7월 4일 밤, 국회에서는 기립 표결을 통해 찬성 163, 기권 3표로 이 개헌안을 통과시켰죠. 그렇게 이승만은 본인이 원하는 대로 대통령 직선제를 이루어냈어요. 이로부터 30여 년이 지난 뒤 수많은 대한민국 국민이 직선제를 쟁취하기 위해 피 흘린 것을 생각하면 역사의 아이러니가 아닐 수 없습니다.

어쨌든 그렇게 마련된 제2대 대통령 선거에서는 이승만을 비롯한 조봉암, 이시영, 신흥우까지 총 네 명이 입후보하게 됐죠. 선거 결과, 전시라는 특수한 상황임에도 88.1퍼센트라는 높은 투표율 속에서 이승만은 74.6퍼센트의 압도적 지지를 얻어 당선됩니다.

'그럼 국민이 원한 대통령이었던 거 아닌가?'라고 생각할 수도 있습니다만, 사실은 그렇지 않았습니다. 애초에 상대 후보들에게는 선거를 준비할 틈조차 주지 않았기 때문이에요. 직선제 개헌에서 선거를 치르기까지 한 달의 시간이 주어졌을 뿐이죠. 사실상 유권자는 '이승만 대통령' 말고는 제대로 후보조차 알 수 없었던 상황에서 진행된 선거였어요.

하지만 이승만의 권력욕은 거기서 그치지 않았어요. 이승만의 세 번째 대선 도전의 막이 오른 것은 그로부터 고작 1년이 지난 뒤였습니다. 1954년 제3대 국회의원 선거가 예정된 때였죠. 왜 갑자기 국회의원 선거일까요? 바로 3선을 위한 개헌이 필요했기 때문이었어요.

이미 이승만의 전위 조직으로 전락한 자유당은 이 선거에서 114명을 당선시키며 저력을 과시했어요. 야당 정치인이 부산 정치 파동의 충격으로 주춤한 틈을 타 활발한 선거 운동을 한 덕이었죠. 부산 정치 파동과 마찬가지로 국회의원 선거에서는 경찰과 군 그리고 외곽 조직이 판을 쳤고, 자유당을 제외한 어떤 정치 세력도 쉽게 도전할 수 없는 상황이었던 거예요.

하지만 자유당이 승리했음에도 당초에 목표한 개헌 정족수 136명 이상의 의석수 확보에는 실패했죠. 자유당은 개헌을 위한 의석을 채우기 위해 다양한 포섭 작전을 쓰기 시작했어요. 그러고는 1954년 9월 6일 '현 대통령에 한해서는 중임 제한을 배제한다'는 내용을 담은 개헌안을 결국 국회에 제출합니다. 쉽게 말해 이승만이 한 번 더 대통령을 할 수 있다는 내용이었어요. 사실상 이때부터 이승만은 공고한 종신 집권 체제를 만들려고 했던 거예요.

하지만 여기서 문제가 터집니다. 불안했던 자유당의 의석수가 결국 발목을 잡았던 거예요. 개표 결과는 재석 의원 수 203명에 찬성 135, 반대 60, 기권 7표였습니다. 개헌에 필요한 조건은 '재적 의원 3분의 2 이상의 찬성'이었기 때문에 개헌안이 가결되기 위해서는 찬성이 136표여야 했죠. 국회에서는 당연히 개헌안 부결을 선포하게 됩니다.

　이승만과 자유당은 즉각 바쁘게 머리를 굴리기 시작했습니다. 개헌안이 부결된 다음 날 곧바로 긴급 의원 총회를 소집하고 대책을 논의하기 시작했어요. 논의 끝에 자유당이 찾은 방법이 바로 그 유명한 '사사오입(四捨五入, 4 이하는 버리고 5 이상은 더하는 반올림)'이었습니다. 자유당의 설명은 다음과 같았습니다—203명의 3분의 2는 135.33명인데, 0.33은 자연인으로 존재할 수 없다. 절반도 안 되는 소수점 이하는 삭제해야 한다.

　어떤가요? 논리적으로 설득이 됐나요? 자유당은 이 논리로 개헌안을 통과시키기 위해 인하공과대학 학장을 비롯해 서울대학교 현직 수학 교수까지 동원하며 개헌 정족수를 135명이라고 새롭게 규정하고 개헌안을 밀어붙여 통과시켜버렸어요. 어처구니가 없는 일이었죠.

　'사사오입 사건'은 모든 면에서 헌법을 유린하고 국회를 기만한 반민주적 사건이었습니다. 이미 부결된 개헌안을 번복한 것 자체로 위헌성이 있었으며, 야당 국회의원을 무시했으므로 국회법 위반이기도 했죠. 그야말로 사상 초유의 사건이었어요.

이런 황당한 홍역 뒤에 치러진 제3대 대통령 선거였습니다. 예상대로 엉망진창의 상황 속에서 제대로 된 대선이 진행될 리 없었어요. 그럼에도 민주당은 대통령 후보 신익희, 부통령 후보 장면을 지명하고 "못 살겠다 갈아보자"라는 희대의 선거 구호를 만들어냈죠. 그야말로 신익희의 인기는 대단했어요. 분위기는 점점 민주당 쪽으로 넘어가고 있었어요. 게다가 혁신 세력이 뭉쳐 만든 진보당이라는 새 정당에서는 조봉암이라는 굵직한 정치인을 대통령 후보로 내세우며 조금씩 세를 확장해가고 있었어요. 신익희에서 조봉암까지 이승만과 자유당은 거물급 대선 후보 둘을 상대해야 했던 거예요.

이에 질세라 자유당은 "갈아봤자 소용없다. 구관이 명관이다"라며 다시 한 번 이승만을 뽑아줄 것을 호소했지만, 이미 민의는 민주당을 향해 가는 모양새였습니다. 심지어 진보당과 민주당이 선거 연합을 할 것이라는 말까지 돌았죠.

다급해진 이승만과 자유당이 꺼내든 카드는 색깔론이었어요. '친공산주의자와 친일파가 권력을 추구하고 있다'면서 야당 인사가 '일본과 북괴에 비밀리에 연결되어 있다'는 주장까지 하기에 이르렀습니다. 이 정도의 막장 색깔론은 자유당 스스로 이번 선거가 위기임을 증명한 꼴이었습니다. 조급함이 묻어나는 말이었죠.

그러던 어느 날 갑자기 사건이 터집니다. 강력한 대선 라이벌 신익희가 갑자기 사망한 거예요. 전남 지역 유세를 위해 이동하던 중에 기차에서 심장마비로 사망한 것이죠. 상황이 급변하자 진보당은 민주당에 야권 단일 후보로 조봉암을 지지해 달라고 부탁하면서 장면을 부통령 후보로 지정하고 선거 연합을 제안합니다. 하지만 민주당은 끝내 이를 받아들이지 않습니다.

여러 우여곡절 끝에 벌어진 선거였던 만큼 높은 화제성 속에 투표율은 94.4퍼센트를 기록했습니다. 선거 결과는 이승만이 504만여 표, 조봉암이 216만여 표, 무효가 180만여 표로 나타나면서 이승만이 3선에 성공했죠.

지금 봐서는 이승만의 압도적 승리라고 보이지만, 당시 이승만과 자유당 입장에서는 조봉암의 득표수가 대단히 위압적으로 다가왔어요. 게다가 신익희에 대한 추모 성격이 강했던 무효 180여만 표까지 합치면 이승만의 승리는 절대 압도적인 것이 아니었어요.

게다가 조봉암과 진보당이 선거 전략으로 활용한 '평화 통일'이라는 키워드가 국민을 움직였다는 사실이 이승만에게는 큰 흔들림으로 다가왔습니다. 조봉암과 진보당의 평화 통일론은 이승만과 자유당이 전쟁 직후부터 주장해온 '무력 통일론'에 정면으로 도전하는 내용이었기 때문이죠.

제3대 대통령 선거 과정에서 조봉암과 진보당은 빠르게 당세를 확장해 나갔어요. 이승만은 무서운 속도로 성장한 조봉암을 본격적으로 잘라낼 준비를 시작했어요. 1957년 말 혁신 세력을 탄압하기 시작하면서 말이죠. 조봉암은 사실 큰 약점을 가진 인물이었어요. 일제강점기에 조봉암은 '고려공산청년회'의 창립 멤버로 독립운동을 본격적으로 시작했고, 이후 국내에서 공산당 활동을 통해 독립운동을 전개한 인물이었어요.

이승만이 좋아하는 색깔론이 제대로 먹힐 만한 인물이었던 겁니다.

이승만은 곧장 이 색깔론을 실행에 옮겼어요. 이승만은 스스로 강력하게 믿는 '반공'이라는 이념을 제대로 국민에게 보여줄 기회라고 생각했죠. 이른바 '진보당 사건'이 시작된 겁니다. 제4대 국회의원 선거를 4개월 앞둔 1958년 1월 12일 경찰은 조규희, 윤길중, 김달호, 이동화 등 진보당 간부를 간첩 혐의로 체포하고, 이틀 뒤 조봉암을 국가보안법 위반 혐의로 체포했어요. 그러고는 한 달이 채 안 된 상태에서 진보당의 정당 등록을 취소해버리죠.

조봉암과 진보당에 씌워진 혐의의 첫 번째 근거는 평화 통일론이 **적화 통일**을 위한 방편이고 대한민국의 존립을 부인한

파송송

적화 통일

분단 국가에서 적국(한국의 경우는 북한)의 주도로 분단의 상대방 정부를 전복하거나 흡수해서 공산주의로 통일하는 것을 의미합니다.

다는 것이었습니다. 두 번째 근거는 진보당의 선언문과 강령이 북한 노동당의 정책과 상통한다는 것이었죠. 즉 진보당은 대한민국 헌법을 위반한 불법 단체라는 주장이었어요.

'진보당 사건'은 경찰과 검찰만 움직인 사건이 아니었습니다. 군도 함께 짝짜꿍을 했죠. 육군 특무대는 조봉암에게 간첩 혐의를 추가하기 위해서 사건 하나를 더 공작합니다. 특무대는 조봉암의 측근인 양이섭이 HID(대북 공작 기구) 요원으로 남북을 왕래하면서 북한 노동당 정보위원회에 포섭됐고, 이후 북한과 조봉암 사이의 연락 책을 맡아 활동했다고 주장했어요. 사실이라면 대형 사건이었죠.

1958년 3월 13일 1회 공판부터 7월 2일 21회 선고 공판에 이르기까지 무려 5개월에 걸쳐 진행된 재판 과정에서 조봉암의 혐의는 '양이섭 관련 건'을 제외하고 대부분 사실이 아님이 판명됐어요. 1심에서 재판부는 조봉암과 양이섭에게 **국가보안법** 위반죄를 적용하여 징역 5년형을 선고하고 그 밖의 진보당 간부들에게는 무죄를 선고합니다.

하지만 이승만은 이 같은 결과를 인정할 수 없었어요. '반공 청년단'이라고 자처한 이승만의 외곽 단체가 법원까지 찾아와 "조봉암을 간첩 혐의로 처벌하라"라며 난동을 부리기도 했어요. 이승만과 자유당이 지금까지 해왔던 그 수법을 그대로 써먹으려 했던 거죠.

2심 재판 초기에는 조봉암과 진보당에게 유리한 쪽으로 흘러갔어요. 1심에서 유일한 유죄로 인정됐던 '양이섭 관련 건' 또한 양이섭이 "조봉암을 제거하기로 한 국가 방침에 협조해

국가보안법은 국가의 안전을 위태롭게 하는 반국가 활동을 규제해서 나라의 안전과 국민의 생존을 확보하기 위해 제정된 법률입니다. 하지만 1948년 12월 1일에 제정된 이래 국민의 기본권을 침해하고, 독재 정권의 정권 유지 수단으로 악용되면서 여러 번 개정이 있었습니다. 국가보안법은 애초에 북한 공산 집단의 구성원 또는 그 지지자에게 적용되도록 만들었지만, 이들의 활동을 고무하거나 찬양 또는 동조하는 자 등에게도 적용되도록 규정함으로써 '법 적용'의 범위가 넓어지게 됩니다. 이에 따라 진보당 사건과 같은 피해 사례가 독재 정권하에서 속출했고, 지금까지도 문제가 이어지고 있습니다.

야 살아남을 수 있다는 특무대의 회유와 협박에 의한 허위 자백"이었다고 진술하면서 분위기가 역전되는 듯했죠.

하지만 정작 재판부의 분위기는 1심과는 판이하게 달라졌어요. 재판부가 조봉암과 양이섭에게 사형을 선고한 겁니다. 게다가 진보당 간부들에게도 국가보안법 위반죄를 적용하고 전원 유죄를 선고해버렸어요. 3심 재판은 2심과 마찬가지였어요. 분위기는 차가웠죠. 1959년 2월 27일 대법원은 끝내 조봉암에게 사형을 구형하고 7월 31일 사형을 집행했어요. 대한민국 역사에 치욕으로 남을 '사법 살인'이었습니다.

조봉암의 죽음과 함께 진보당은 그야말로 공중 분해됩니다. 더불어 진보 정치 운동은 한국 땅에서 존속하기 힘들어져 버렸죠. 이승만의 권력욕이 극단적으로 표출된 사건이었습니다. 이 사건 이후 이승만과 자유당은 더 이상 거칠 것이 없었습니다. 이미 모든 면에서 민주주의와는 등을 졌고, 이제 종신 집권으로 향하는 일만 남았던 겁니다. 자신들을 향한 모든 도전을 이겨낼 수 있다는 끝없는 자신감으로 가득했어요.

자, 이제 4월 혁명을 있게 한 많은 제반 조건을 살펴봤습니다. 이승만 개인뿐 아니라 교육 문제, 미국의 원조 정책 변화로 야기된 경제 문제, 그리고 민주주의를 파괴하고 스스로 '왕'이 되어버린 이야기까지. 직간접적으로 얽혀 있어 설명하지 않고는 4월 혁명을 이해할 수 없는 핵심 재료들이었습니다. 이제는 물이 끓었으니 요리를 해야겠습니다. 이승만 정권이 국민의 심장에 제대로 불을 지피기까지의 이야기를 본격적으로 해야 할 시간입니다. 끓는 물에 면을 넣고, 라면수프로 간을 해야 할 때입니다.

#끓는 물에 면과 분말수프 넣기
**욕심이 과했던 그때,
그 사람들이 맞이한 세상**

이제 진정한 대한민국의 왕으로 군림할 때

앞서 살펴본 것처럼 이제 이승만과 자유당에게는 거칠 것이 없었어요. 조봉암과 진보당을 법정 구속이라는 방법을 통해 가두어놓고 시작된 1958년 제4대 국회의원 선거는 부정 선거의 정점에 다다른 선거였어요. 지금까지 해오던 것처럼 경찰과 공무원을 동원하는 등 관권을 개입했고, 외곽 단체로 불리는 깡패까지 총동원해 치른 선거였죠. 심지어 선거 무효 판결이 난 지역구만도 여덟 곳에 달했어요.

그럼에도 선거는 정부 여당인 자유당과 거대 야당인 민주당 간의 치열한 공방전으로 전개되는 분위기였습니다. 민주당은 이 선거에서부터 본격적으로 내각책임제를 거론하기 시작했고, 경제 위기에 따른 빈부 격차 문제도 꺼내들었어요. 경찰의 정치 중립화와 같은 이승만과 자유당의 반민주적이고 부패한 국정 운영 방식을 비판했던 거예요.

선거 결과 91.1퍼센트의 높은 투표율 속에서 자유당 42.1퍼센트, 민주당 34퍼센트 그리고 무소속은 21.7퍼센트의 득표율을 보였습니다. 기울어진 운동장에서 치른 선거였는데도 자유당에 대한 압도적 지지가 나오지 않았던 거예요.

이승만 정권은 1960년 5월 예정된 제4대 대통령 선거를 앞두고 빠르게 움직이기 시작합니다. 선거 운동이 본격적으로 시작되기도 전부터 경찰과 공무원의 선거 대책 비밀 공문이 돌아다녔고, 민주당이 이 같은 사실을 폭로하는 지경에 이르렀죠. 사실 1959년 6월에 이미 자유당의 대통령 후보는 이승만으로 결정된 상태였고, 불법 선거 운동은 이미 그 시점부터 시작됐다고 봐도 무방했습니다.

1959년 11월부터는 경찰 간부, 군수, 시장, 구청장과 같은 공무원이 자유당 관계자와 이미 함께 선거 대책을 세우고 있었어요. 자유당으로서는 민주당에서 누가 나온다고 해도 큰 의미가 없는 선거였죠. 어차피 답은 이승만이었고, 부통령은 이승만이 낙점한 이기붕이었습니다. 과정 따위는 만들면 그만이었습니다. 이에 반해 민주당은 제4대 국회의원 선거에서 약진했음에도 '진보당 사건'을 지켜보며 싸움의 의지가 약해진 상태에서 **조병옥**을 대통령 후보로 지명합니다.

파두기

조병옥

조병옥은 일제강점기의 독립운동가이자 해방 이후 정치인입니다. 1914년 연희전문학교를 졸업하고 미국으로 유학을 가서 컬럼비아 대학에서 박사 학위를 받았습니다. 1919년 3·1 운동 이후 북미 지역에서 독립운동을 활발히 전개하다가 1925년에 귀국하여 연희전문학교 교수가 됐습니다. 교수 재직 중에도 흥사단, 수양동우회 등에서 활동하며 독립운동을 이어갔습니다. 해방 후 한국민주당 창당에 참가하고 미군정청에서 경무부장을 맡으면서 좌익 세력 탄압의 선봉에 서기도 했습니다. 한국 전쟁 때 내무장관을 역임하다가 거창 민간인 학살 사건의 책임을 지고 사퇴하기도 합니다. 1954년 5월 대구에서 제3대 민의원에 당선되면서 국회에 입성했고, 1959년 민주당 정부통령 선거 지명 대회에서 대통령 후보가 됐으나 선거를 불과 한 달여 남기고 심장마비로 사망했습니다.

심리적으로 약해진 쪽은 이승만 정권이었어요. 꼭 권력을 다시 쥐고 말겠다는 집념 아래 결국 이승만과 자유당은 결정적인 한 방을 날리죠. 바로 '농번기를 피해 선거를 끝낸다'는 지침이었죠. 지금까지 대부분의 선거가 줄곧 5월에 치러져왔는데 갑자기 5월 전에 선거를 강행해야 한다는 억지 주장이었어요. 왜 그랬을까요?

결정적 이유는 상대 후보인 조병옥의 건강 문제였습니다. 1960년 1월 조병옥이 치료를 위해 미국으로 떠날 정도로 건강이 악화되면서 선거 운동에 힘을 쓸 상황이 아니었던 것이죠. 이 기회를 틈타 이승만은 잽싸게 선거를 마무리하려 꼼수를 부리기 시작한 겁니다.

이승만과 자유당은 끝내 1960년 2월 3일 '3월 15일 정부통령 선거를 실시한다'고 공표해버리고, 후보 등록 마감일을 2월 13일로 못 박아버립니다. 충격 탓인지 알 수 없지만, 조병옥은 2월 15일 미국 육군 병원에서 사망합니다. 결국 이렇게 이승만은 단독 후보가 됩니다. 신익희, 조봉암 그리고 조병옥까지 한국 전쟁 이후 이승만과 대통령 자리를 놓고 경쟁했던 모두가 우연과 고의가 겹쳐 사망하고 말았습니다.

어쨌든 이제 남은 건 부통령 자리였어요. 이미 이승만은 종신 집권을 향한 모든 준비를 마쳤다고 생각했어요. 그 순간부터 이승만의 입에서는 도를 넘는 발언이 이어졌습니다. 만약 대통령과 부통령 당선자가 서로 다른 당에서 나온다면 자신이 대통령에 당선됐을 경우 결과를 순순히 받아들이지 않겠다는 말까지 해버린 거예요. 쉽게 말해 국민이 뽑은 부통령을 '대통령이 될 내가 인정하지 않겠다!'는 치졸한 협박이었어요. 이승만은 왜 이렇게까지 국민을 상대로 협박을 했던 걸까요?

사실 이승만에게 지난 대선 과정에서 나타난 조봉암의 216만여 표와 신익희를 추모하는 180만여 표는 무척이나 자존심 상하는 수치였어요. 압도적 지지율로 당선되던 옛 선거에 비하면 고작해야 전체 투표자의 절반 정도 수준의 지지를 받은 것이니까요. 특히나 서울에서 조봉암의 11만여 표와 신익희를 추모하는 28만여 표는 본인의 20만여 표에 비해 엄청나게 높은 수치였어요. 서울시민은 이승만과 자유당에 사실상 반기를 들었다고 본 것이죠.

이승만은 상처 난 자존심을 엉뚱한 방향으로 채우려고 합니다. 드디어 스스로 '공화국의 왕'이 되고자 했던 거예요. 민주 공화국에서 왕이라니. 성립될 수 없는 두 단어의 결합을 이승만은 '국부'라는 이름으로 바꿔 부르며 왕으로 대접받기 시작했어요. 서울의 남산과 파고다 공원에 자신의 모습을 본떠 '이승만 동상'을 세우더니 파주에는 이승만 대통령 기념탑을 세웠습니다. 그뿐만 아니라 서울시내 곳곳에 자신의 호를 딴 우남회관, 우남학관, 우남도서관을 만들기 시작했죠. 지폐에는 본인의 얼굴을 그려 넣었습니다. 성사되지는 않았지만 심지어 서울시 명칭을 우남시로 바꾸려는 움직임까지 있었어요. 점입가경이었죠.

이승만의 자아도취에는 주변인의 탓도 있습니다. 대통령이었던 그에게 콩고물이라도 받아먹으려는 자들의 아첨이었어요. 아첨꾼에게 이승만은 스스로 '국부'이자 '민족의 태양'이었고 '세기의 위인'이자 '세계적 지도자'였습니다. 이승만의 생일 때마다 군이 동원되어 분열식이 거행됐고 마치 국경일처럼 성대하게 국민의 찬양을 받는 그림이 완성돼야 했어요. 학생들은 억지로 이승만을 찬양하는 글짓기를 해야만 했습니다.

1960년 3월 15일의 선거는 이러한 분위기 속에서 준비되고 있었습니다. 냉정히 이야기하면 부정 선거가 따로 필요하지도 않았어요. 유일한 도전자는 이미 죽었고, 가장 전면에서 싸워야 할 유일한 야당 세력이었던 민주당은 사실상 선거 포기 상태였습니다. 이승만과 자유당의 승리는 당연해 보였어요.

하지만 이승만과 자유당은 결국 일을 저지릅니다. 이승만의 '자존심'을 다시 세워주기 위한 압도적 지지율을 만들기 위해서였어요. 그렇게 부정 선거의 서막이 올랐습니다. 늘 그랬듯이 경찰을 비롯해 공무원 그리고 군대와 외곽 조직까지 모두 합세해 부정 선거를 직접 주관했죠. 부정 선거는 다음과 같은 과정으로 진행됐어요.

첫째, '4할 사전 투표' 방식이었습니다. 전체 유권자 중 40퍼센트 정도를 금전으로 매수해 기권을 유도하고 그 표를 미리 자유당 지지표로 만들어 투표함에 넣어두는 방식이었죠. 둘째, '3인조, 5인조 공개 투표'였어요. 사전에 3인 혹은 5인으로 조를 구성하고 조별로 조장을 두어 조장의 확인 아래 투표를 하고 자유당 선거 위원에게 보여준 다음 투표를 하는 방식이었습니다. 셋째, '완장 부대'를 만드는 것이었습니다. 자유당 완장을 찬 사람들을 투표소에 배치하고 투표장 분위기를 험악하게 만들어 심리적으로 압박하려는 것이었죠. 넷째, '야당 참관인 축출'이었습니다. 돈으로 민주당 측 참관인을 매수하거나, 폭력 등을 사용해 투표장에서 밖으로 쫓아내는 방법이었어요.

이밖에도 뇌물을 뿌리거나 직접 유권자를 협박하기도 했어요. 역시나 외곽 조직이었던 깡패를 동원했던 것이죠. 죽은 사람의 이름을 선거인 명부에 올리는 경우도 있었으니, 부정의 방식이 상상을 초월하는 수준이었던 겁니다.

너무나 뻔하게 선거는 이승만과 이기붕의 승리였습니다. 얼마나 열심히 조작을 했는지 부통령 후보인 이기붕의 득표율은 99퍼센트에 달했어요. 일부 지역은 총 득표율이 100퍼센트를 넘어 115퍼센트에 달하기도 했습니다. 이승만이 원했던 압도적 승리였지만, 꼴이 우스워진 겁니다.

그렇게 이승만은 '공화국의 왕'이 될 것만 같았습니다. 전주

이 씨, 양녕대군의 16대손 '프린스 리' 이승만이 조선 땅, 아니 대한민국 땅에서 진정으로 왕에 가까워지는 순간이었어요. 하지만 그 영광의 순간은 그리 길지 않은, 정말 찰나의 순간이었죠.

마산에서 쏘아올린
아주 큰 공

이승만과 자유당이 자아도취에 빠져 권력을 뽐내고만 있을 무렵, 그들의 권력욕으로 인해 경제는 파탄에 빠진 상태였고, 사회는 도시와 시골을 가리지 않고 피폐해져가는 중이었죠. 특히 경제 인구의 절반 가까이 일자리가 없었고, 도시 빈민층은 기아에 허덕이고 있었어요. 그러나 파탄이 난 경제와 사회 혼란의 책임이 이승만 정권에 있음을 올곧게 바라볼 줄 아는 국민은 점점 늘어나는 아이러니한 상황이었습니다. 바로 기초 교육의 힘이었어요.

덕분에 선거는 시작도 안 했는데 부정 선거를 규탄하는 시위가 선거 보름 전인 2월 28일 대구에서 학생이 중심이 되어 시작됩니다. 시위의 촉발은 민주당 장면 후보의 유세에 학생들이 참석하지 못하게 강제로 단체 영화 관람과 추가 시험을 치르게 하면서였어요. 심지어 유세일이 일요일이었는데도 말이죠.

경북고등학교를 필두로 대구고, 경북여고, 경북대사대부고, 계성고 등 여덟 개 학교에서 도합 1200여 명의 학생이 들고일어났어요. 하지만 이승만 정권은 학생들의 시위를 '공산당의 사주에 의해 벌어진 일'이라며 경찰을 동원해 강제로 해산해버렸어요. 경찰은 시위 진압 과정에서 곤봉을 휘두르고 구둣발로 학생들을 구타하기도 했어요. 학생들은 맨몸으로 저항할 수밖에 없었죠. 시위 과정에서만 30여 명이 다치게 됩니다.

아마도 이승만과 자유당은 대구 시위를 '어린 학생의 치기 어린 응석' 정도로 생각했을 거예요. 이 시위가 전국 각지로 퍼질 거라고는 생각하지 못했습니다. 하지만 이승만의 예상과는 달리 시위는 학생들 사이에서 소문이 돌며 전국으로 퍼져 나갔습니다. 3월 5일에는 서울, 3월 8일에는 대전, 3월 10일에는 부산, 수원 등의 지역에서 학생들이 공정한 선거를 요구하며 시위를 시작했어요. 선거 전부터 선거 부정에 항의하는 시위가 불타오르기 시작했던 거예요.

대학생도 아닌 중학교, 고등학교 학생들이 거리에서 외쳤던 구호는 다름 아닌 "부정 선거 배격하자", "공명 선거 보장하라"라는 직설적 메시지였어요. 그뿐만 아니라 "학원의 자유를 달라"라는 교내 민주주의를 실현하기 위한 메시지도 있었죠. 다양한 메시지 중에서도 가장 원초적이면서도 핵심을 찌르는 구호는 "대한민국은 민주 공화국이다"라는 말이었어요. 지금은 민주적이지도 않고, 공정한 선거도 아니라는 말을 한마디로 표현한 거예요.

그렇게 전국적으로 전운이 감도는 상황에서 운명의 1960년 3월 15일 아침이 밝았습니다. 당일 아침 마산에서 심상치 않은 움직임이 포착됐죠. 처음에는 투표소에서 벌어진 작은 실랑이였습니다. 장군동에 있는 제1투표소에서 벌어진 민주당 참관인과 자유당원 사이의 대화가 언쟁으로 번지기 시작했어요. 실랑이가 계속되던 중 민주당 참관인이 흥분을 이기지 못하고 투표함을 엎어버렸는데, 그 투표함에서 미리 기표해둔 용지가 발견된 것이죠. 명백한 부정 선거의 증거였습니다. 이후 민주당은 10시 30분경 마산 지역에서 '선거 포기'를 선언하며 참관인들을 철수시키기 시작했어요.

이미 학생들이 보름 가까이 거리를 오가며 부정 선거의 악취를 고발하고 있었기 때문에 투표소에서 발견된 부정 선거의 명백한 증거는 마산시민을 흥분시키기에 충분했습니다. 아직 투표가 진행되고 있던 오후 시간부터 민주당 경상남도 당사에서 시작된 시위는 점점 시내로 뻗어 나갔죠.

경찰도 가만있지 않았어요. 시위는 시내 곳곳에서 산발적으로 벌어졌는데, 경찰에 의해 진압됐다가, 다른 곳에서 또 시위가 시작되는 형태로 반복되는 모습이었어요. 하지만 투표가 종료되자 산발적으로 진행되던 시위가 옛 마산시청과 자유당 당사를 중심으로 뭉치기 시작했어요. 무려 3000여 명이 넘는 시민이 모여 시위를 벌였어요. 여기서 문제가 터졌습니다. 경찰이 시위 중이던 시민에게 집단 발포하기 시작한 거예요. 이 발포 사건으로 무려 아홉 명이 사망하고 80여 명이 다쳤어요.

세상이 뒤집히는 순간이었어요. 지금까지 이승만 정권이 저지른 반민주적 악행과는 차원이 다른 일이었어요. 자국의 경찰이 자국의 국민을 총으로 쐈고, 그 총으로 사람이 죽고 다친 겁니다. 이 같은 사실이 전국으로 퍼지기 시작했고, 국민은 분노하기 시작했어요. 당장 국내 언론은 물론이고 외신까지 주목하는 사건으로 번지는 추세였어요. 이승만과 자유당은 사태를 진정시키는 척하며 여야 합동 국회 조사단을 파견하고 내무부 장관을 경질하는 등으로 사건을 유야무야 덮으려는 모습을 보였어요.

하지만 곧 국민을 우롱하듯 '공산당 사주설'을 들고 나와 마치 마산시민의 의거가 북한의 사주에 의해 벌어진 일인 것처럼 여론을 호도하려 했어요. 심지어 투표함을 뒤엎어 부정 선거의 증거를 최초로 발견했던 민주당 참관인을 남로당에 가입한 공산당원이라고 주장하며 유치장에 가두는 일도 있었습니다. 시위 중 길거리를 걸어가던 청년을 체포해 한국 전쟁 때 공산당에 부역한 사람이라며 북한 공산당의 대남 공작이라고 우기기도 했어요.

하지만 분위기는 예전 같지 않았어요. 이미 상황은 걷잡을 수 없이 번지고 있었습니다. 여론은 점점 강하게 정부를 비판하고 있었고, 국민은 마산시민과 같이 거리로 나갈 준비를 하고 있었습니다. 이미 준비된 학생들을 중심으로 전국 주요 도시에서 시위가 불꽃처럼 일어나기 시작했어요. 시위의 핵심은 이제 부정 선거에 대한 비판을 넘어 마산에서의 참극을 책임지라는 데까지 이르렀습니다.

조병옥의 사망 이후 선거에 이길 자신도, 마땅한 후보도 내지 못한 민주당은 곧장 지금의 분위기를 '정치적'으로 활용하기 위한 작업에 돌입했어요. 어쩌면 너무나도 당연한 행동이었어요. 그들에게는 기회가 찾아온 것이었으니까요.

민주당은 짓눌려 있던 어깨를 펴고 자신들 앞에 펼쳐진 기회를 잡기 위해 본격적으로 행동하기 시작했어요. 3월 15일 마산에서 참극이 벌어진 이후 일부 의원이 '이승만 대통령 하야'를 입에 담기 시작했어요. 직접적으로 이승만의 퇴진을 거론하는 당원도 있었죠. 민주당원의 시위에서 "이승만 정부 물러가라"와 같은 구호도 등장했죠.

문제는 분열된 민주당 내부의 상황이었어요. 어처구니없게도 "3월 15일 선거는 무효다!"라는 공식 발표를 앞두고 의견이 갈린 겁니다. 당연히 당장 발표했어야 할 내용을 두고 무려 2주 동안 논쟁하면서 민주당은 눈앞에 굴러들어온 기회를 제대로 잡지 못했어요. 산발적으로 부정 선거에 대한 비판과 이승만의 퇴진을 입에 담았지만, 공식 입장은 2주간이나 없었던 겁니다. 이러한 무능은 4월 혁명으로 새로운 정부가 구성된 뒤에도 계속 이어지죠.

뒤늦게나마 당내 의견을 모아 공식적으로 민주당이 서울에서 시위를 하기로 한 시점은 4월 6일이었습니다. 마산에서 참극이 벌어지고 보름을 훌쩍 넘긴 시점이었어요. 다행히 이 시위에 많은 인파가 몰렸고, 민주당은 그 나름대로 다시 자신감을 얻어 각 지역에서 벌일 조직적인 시위를 기획하기 시작했어요.

한편 3월 15일의 참극 이후 마산은 엄청난 충격에 빠져 있었습니다. 우리나라 경찰에게 우리 국민이 죽어 나가는 꼴을 직접 봤을 때의 충격은 상상만 해도 아찔합니다. 너무나 안타깝게도 마산에는 그 아찔함에 또 다른 공포를 더할 사건이 남아 있었어요. 그 사건은 한 명의 실종자로부터 시작됩니다. 김주열이라는 마산상업고등학교에 입학하려던 수험생이었죠.

김주열은 원래 전라북도 남원 사람이었어요. 남원 사람 김주열이 마산에 들른 이유는 다름 아닌 고등학교 입학시험 결과를 확인하기 위해서였어요. 하필이면 그날이 3월 15일이었던 거예요. 안타깝게도 그날 저녁 김주열은 행방불명됩니다. 이후 실종된 아들을 찾기 위해 가족들은 한 달 동안 마산시내를 샅샅이 뒤지기 시작했어요.

하지만 김주열은 마산시내 어디에도 없었죠. 다행히 마산시민들이 김주열의 이름을 귀에 담아 입으로 옮기기 시작했습니다. 김주열의 안타까운 사연에 마산시민들이 점점 관심을 가졌던 거예요. 그러던 1960년 4월 11일, 마산 중앙부두 앞바다에서 최루탄이 눈에 박힌 채 죽은 시신 한 구가 발견됩니다.

김주열의 시신이었어요.

  사건의 전말은 이러했습니다. 합격자 발표를 보기 위해 마산을 찾았던 김주열은 3월 15일 마산에서 있었던 저녁 시위에 참가했어요. 하지만 그날 경찰의 발포가 있었고, 김주열은 그곳에서 총도 아닌 최루탄에 맞아 죽었던 거예요. 경찰은 죽은 김주열의 시신을 발견하고는 마산항으로 옮겨 바다에 버렸습니다. 그리고 한 달여 만에 김주열의 시신이 중앙부두 앞바다에 떠올랐던 거죠.

  경찰은 김주열의 시신을 도립 마산병원으로 옮겨 시위 과정에서 사망한 사실을 은폐하려 했어요. 하지만 이미 언론은 김주열의 사망 소식을 특종으로 발표했고, 소문은 마산시내에 퍼져 나가기 시작했어요.

  김주열의 사연이 국민에게 큰 충격으로 다가갈 수 있었던 데는 사진의 힘이 컸어요. 최루탄이 눈에 박힌 채 죽어 있는 어린 학생 김주열의 시신을 본 국민 중에 분노하지 않을 사람은 없었어요. 시위의 양상이 변화되는 순간이었어요. 부정 선거를 규탄하던 구호는 "살인 선거 물리치자"라는 좀 더 과격한 언사로 바뀌었어요. 그렇게 마산에서의 2차 대규모 시위가 시작됐어요. 이 시위는 4월 혁명의 새로운 전환점이 됩니다.

2차 마산 봉기는 학생보다는 일반 시민의 참여가 두드러졌던 시위였어요. 학생 시위를 넘어 '시민 항쟁'의 모습을 보이기 시작한 거였어요. 한편으로는 "죽은 자식 살려내라!"라는 어린 학생의 죽음에 대해서 국가에 책임을 묻는 시위였어요. 당일 오후 6시에는 무려 3만여 명의 마산시민이 거리로 나왔어요. 마산시청과 마산 경찰서는 시위에 참여한 시민에게 습격을 당하기도 했죠. 경찰과 마산시민은 마치 공방전을 연상케 하는 대치를 이어갔습니다.

마산은 그야말로 아비규환이었어요. 행정은 마비됐고 시민들은 3일 넘게 시위를 이어갔죠. 그럼에도 정신을 못 차린 이승만과 자유당은 여전히 '공산당 사주설'을 퍼다 나르기 바빴습니다. 이승만은 공식 담화문에서 마산 시위를 '폭동'으로 규정했어요. 전국적으로 시위가 불타오르길 바라기라도 하듯이 이승만과 자유당은 스스로 무덤을 파고 있었어요.

'교육의 힘'으로 불타오른 혁명의 불꽃

마산에서 부정 선거에 항의하는 대규모 시위가 한창이던 무렵, 언론은 각기 사설을 통해 이승만과 자유당 정권에 국민의 염원을 실은 강력한 메시지를 전달합니다. '평화 시위'를 탄압하며 국민을 향해 '협박 공갈'을 하는 정부가 '무슨 낯'으로 '대중 투쟁을 억압하느냐'는 내용이었어요. 그러고는 최루탄이 박혀 죽은 김주열의 사진을 함께 실었죠. 반향은 엄청났습니다. 이제 김주열의 사망은 마산만의 문제가 아니었어요.

초기에 전국 단위의 시위는 학생을 중심으로 퍼져 나갔어요. 학생을 뭉치게 할 뚜렷한 조직이 갖춰지지는 않았지만, 학생이라는 신분은 학교라는 공간에서 함께 모일 수 있었기 때문에 빠르게 시위대를 조직할 수는 있었어요. 그렇게 학생 시위는 경남과 부산을 넘어 충청도를 거쳐 서울로 올라갔어요. 4월 18일 고려대학교 학생의 대규모 시위를 시작으로 서울에서도 본격적인 학생 시위가 시작됩니다.

　1960년 4월 19일, 그날이 밝았을 때 서울을 비롯한 부산, 광주 등의 도시를 중심으로 학생들이 일제히 일어났어요. 대학생은 물론 중학생, 고등학생까지 가리지 않고 참가했죠. 대학이 적었던 지방에서는 대부분의 시위를 고등학생이 주도하는 분위기였던 반면에, 서울 시위는 대학생이 주도하는 분위기였습니다. 서울에만 30개 안팎의 대학이 있었으니, 그 수만도 엄청났어요. 중학생과 고등학생이 나서는 마당에 '지성의 상아탑'이라 불리는 대학에서 가만히 있을 수는 없는 노릇이었어요. 어쩌면 늦은 감이 없지 않았습니다. 대구와 마산에서는 고등학생이 이미 정의를 구현하고 있었기 때문이죠.

　앞서 살펴본 것처럼 일제강점기부터 불타오르기 시작한 교육에 대한 국민의 열망은 이승만의 초기 집권 당시부터 껴안아야 했던 '핵심 의제'였어요. 덕분에 초등 교육부터 중등 교육, 더불어 대학을 포함한 고등 교육까지 급격히 발전할 수 있었죠. 자연스럽게 국민이 사회를 바라보는 눈은 높아졌습니다. 국민은 교과서에서 배운 민주주의가 부정되는 현실에 너무나도 당연히 의문을 갖게 됐던 겁니다.

이승만 정권이 깔아놓은 교육의 기회가 본인들의 목줄을 쥐고 흔들 거라 생각이나 했을까요? 그렇게 4월 19일 서울대학교 문리과 대학 학생들이 종로 거리로 나와 이승만과 자유당의 목줄을 조이기 시작했습니다. 다음과 같은 선언문도 함께 발표하면서 말이죠.

상아의 진리 탑을 박차고 거리에 나선 우리는 질풍과 같은 역사의 조류에 자신을 참여시킴으로써 이성과 진리 그리고 자유의 대학 정신을 현실의 참담한 박토에 뿌리려 하는 바이다. 오늘의 우리는 자신들의 지성과 양심의 엄숙한 명령으로 하여 사악과 잔학의 현상을 규탄, 광정(匡正)하려는 주체적 판단과 사명감의 발로임을 떳떳이 선명하는 바이다.

우리의 지성은 암담한 이 거리의 현상이 민주와 자유를 위장한 전제주의의 표독한 전횡에 기인한 것임을 단정한다. 무릇 모든 민주주의의 정치사는 자유의 투쟁사다. 그것은 또한 여하한 형태의 전제로 민중 앞에 군림하던 '종이로 만든 호랑이' 같이 헤설픈 것임을 교시한다. 한국의 일천한 대학사(大學史)가 적색 전제에의 과감한 투쟁의 거획(巨劃)을 장(掌)하고 있는 데 크나큰 자부를 느끼는 것과 꼭 같은 논리의 연역에서, 민주주의를 위장한 백색 전제에의 항의를 가장 높은 영광으로 우리는 자부한다.

근대적 민주주의의 기간은 자유이다. 우리에게서 자유는 상실되어가고 있다는 것을, 아니 송두리째 박탈되고 있다는 것을 우리는 이성의 혜안으로 직시한다. 이제 막 자유의 전장엔 불이 붙기 시작했다. 정당히 가져야 할 권리를 탈환하기 위한 자유의 투쟁은 요원의 불길처럼 번져가고 있다. 자유의 전역(戰域)은 바야흐로 풍성해 가고 있는 것이다.

민주주의와 민중의 공복이며 중립적 권력체인 관료와 경찰은 민주를 위장한 가부장적 전제 권력의 하수인으로 발 벗었다. 민주주의 이념의 최저 공리인 선거권마저 권력의 마수 앞에 농단됐다. 언론, 출판, 집회, 결사 및 사상의 자유의 불빛은 무식한 전제 권력의 악랄한 발악으로 하여 깜박이던 빛조차 사라졌다. 긴 칠흑 같은 밤의 계속이다.

나이 어린 학생 김주열의 참시(慘屍)를 보라! 그것은 가식 없는 전제주의 전횡의 발가벗은 나상(裸像)밖에 아무것도 아니다. 저들을 보라! 비굴하게도 위하(威嚇)와 폭력으로써 우리들을 대하려 한다. 우리는 백보를 양보하고라도 인간적으로 부르짖어야 할 같은 학구의 양심을 강렬히 느낀다. 보라! 우리는 기쁨에 넘쳐 자유의 횃불을 올린다. 보라! 우리는 캄캄한 밤의 침묵에 자유의 종을 난타하는 타수의 일익(一翼)임을 자랑한다. 일제의 철퇴 아래 미칠 듯 자유를 환호한 나의 아버지, 나의 형들과 같이….

양심은 부끄럽지 않다. 외롭지도 않다. 영원한 민주주의 사수파는 영광스럽기만 하다. 보라! 현실의 뒷골목에서 용기 없는 자학을 되씹는 자까지 우리의 대열을 따른다. 나가자! 자유의 비밀은 용기일 뿐이다. 우리의 대열은 이성과 양심과 평화 그리고 자유에의 열렬한 사랑의 대열이다. 모든 법은 우리를 보장한다.

　　　－ 1960년 4월 19일, 서울대학교 문리과 대학 학생 일동

서울대학교 문리대 학생들에 뒤이어 같은 학교 법대, 약대, 수의대, 치의대, 사범대, 상과대 등 서울대학교 소속 대부분의 단과 대학이 시위 대열에 합류했습니다. 의대생은 의사 가운을 입고 시위에 참여하기도 했어요. 이어서 고려대학교 학생도 시위 행렬에 합류했고, 뒤이어 성균관대학교와 동국대학교, 건국대학교 그리고 뒤이어 연세대학교와 중앙대학교 학생이 군집된 형태로 시위대에 합류합니다. 그 뒤로도 홍익대학교, 한국외국어대학교, 국민대학교 등 서울에 위치한 대부분 대학에서 학생들이 조직된 형태로 거리로 나왔습니다.

덕분에 시위대로 서울 도심이 가득 찼어요. 하지만 경찰은 폭력적으로 시위대를 진압하기 시작했어요. 심지어 곡사포를 동원해 진압하려 했습니다. 경찰뿐만이 아니었어요. 군도 움직였습니다. 안타깝게도 학생의 희생은 엄청났습니다.

사태의 심각성을 깨달은 이승만과 자유당 정권은 엉뚱한 방향으로 문제를 풀어내려 합니다. 4월 19일 오후 3시 결국 **계엄령**을 선포한 겁니다. 지금이야말로 '국가 비상사태'라는 뜻이었습니다. 민의를 수용하지 않을뿐더러 본인들이 끝까지 권력을 쥐고 가겠다는 강력한 의사 표현이었어요. 계엄령이 선포되자 분위기는 더욱 폭력적으로 변해갔어요. 시위대는 경찰과 군의 적이 되어버렸어요. 이 차이는 엄청난 것이었습니다. 국민을 보호하기 위한 군경의 총과 칼이 '합법'이라는 탈을 쓰고 국민을 향해 마구잡이로 사용될 수 있게 된 것이니까요.

상황은 걷잡을 수 없이 흘러갔어요. 시위대도 이대로 당할 수만은 없었습니다. 학생이 중심이 된 시위대는 경찰과 계엄군을 상대로 맞서 싸우기 시작합니다. 시위대는 경찰로부터 무기를 탈취하여 무장한 상태로 시내에서 시위를 이어 나갔어

파송송

계엄령 계엄령은 국가 비상 시 국가의 안녕과 공공질서 유지를 목적으로 헌법 일부의 효력을 일시 중지하고 군사권을 발동해 치안을 유지하도록 하는 '국가 긴급권'을 말합니다. 계엄령은 대통령(최고 통치권자)만이 내릴 수 있는 '대통령 고유 권한'이에요. 이승만과 자유당 정권은 그들의 정치적 목적을 달성해야 할 때마다 계엄령을 사용했습니다. 부산 정치 파동 때의 계엄령이 대표적이에요. 4월 19일의 계엄령도 마찬가지였습니다. 이때의 계엄령은 불같이 타오르던 민주화의 열기를 자신의 집권 연장을 위해 억누르려 발동한 것입니다.

요. 종로와 을지로, 창동 인근에서는 경찰의 일제사격에 맞서 시가전이 벌어지기도 했습니다.

시위대에 합류한 학생은 스스로 죽음을 준비하며 시위에 참여했어요. 계엄령까지 발동된 이상 경찰과 계엄군이 시위대를 향해 총을 쏠 것이라는 것이 너무나도 명확했기 때문입니다. 그러나 민주화된 대한민국을 향한 학생들의 열의는 죽음을 뛰어넘었어요. 그렇게 죽음을 불사한 희생이 전국에서 이어졌습니다.

시간이 없는 관계로 어머님을 뵙지 못하고 떠납니다. 어머님, 데모에 나간 저를 책하지 마시옵소서. 우리들이 아니면 누가 데모를 하겠습니까. 저는 아직 철없는 줄 압니다. 그러나 국가와 민족을 위하는 길이 어떻다는 것을 알고 있습니다. 저는 생명을 바쳐 싸우려고 합니다. 데모하다 죽어도 원이 없습니다. 어머님, 저를 사랑하시는 마음으로 무척 비통하게 생각하시겠지마는 온 겨레의 앞날과 민족의 광복을 위해 기뻐해주세요. 부디 몸 건강히 계세요. 거듭 말씀드리지만, 저의 목숨은 이미 바치려고 결심하였습니다.

1960년 4월 19일, 바로 그날 한성여자중학교 2학년이었던 진영숙은 시장에서 장사하고 있을 어머니에게 이 같은 편지를 남기고는 시위대에 합류했습니다. 또래의 학생 시위대 사이에 섞여 구호를 외치던 진영숙은 경찰의 무자비한 발포로 사망했죠. 시위대의 피해 규모는 엄청났습니다. 이미 시위대를 적으로 규정한 순간 대규모 사상은 예상됐습니다. 서울에서만 약 130여 명이 죽었고, 1000여 명 이상이 다쳤어요. 1960년 4월 19일은 그야말로 '피의 화요일'이었습니다.

4월 19일 하루 종일 대학생을 포함한 약 3만 명의 시위대가 서울 거리를 가득 메웠어요. 서울을 넘어 인천, 청주, 부산, 광주, 목포 등 주요 도시에서 수천, 수만 명이 함께했죠. 부상자도 전국에서 속출하고 있었습니다. 부산에서는 경찰이 시위대를 향해 정면에서 사격을 퍼붓거나, 기관총이 등장하기도 했습니다. 관공서에는 탱크까지 나타났죠.

4월 19일 다음 날부터 시위의 불꽃은 걷잡을 수 없이 번져 갔습니다. 계엄령으로 잠깐 주춤했던 시위 열기는 시간이 지나면서 조금씩 거세졌어요. 이제 이승만과 자유당은 민주주의를 향한 엄청난 국민의 열망과 요구를 어떤 식으로든 누그러뜨려야 했습니다. 이제라도 이승만과 자유당은 스스로 부정선거를 인정하고 국민의 요구를 제대로 읽어 수습해야 했습니다.

하지만 그들의 자아도취는 여전했습니다. 이승만은 여전히 '공화국의 왕'이었고, 자유당은 '국부' 이승만을 지키는 결사대였습니다. 사태는 더욱 꼬여만 갔죠. 부랴부랴 이기붕이 4월 23일 '부통령 당선자 신분 사퇴를 고려할' 수 있다는 식으로 발표했어요. 사퇴도 아닌, 사퇴를 고려해보겠다니, 아직 혁명의 분위기를 제대로 읽어냈다고 보기 어려운 처사였습니다. 이승만 정권은 이제 정말 끝을 향해 달려가고 있었어요.

막장을 향해 치닫는 '공화국의 왕'

같은 날 오후 이승만은 서울대학교 병원에 입원해 있는 학생
들을 찾아갑니다. 그러고는 병원 측에 '빨리 낫게 하라'는 '명
령'을 내리고는 학생들에게 금일봉까지 '하사하고' 돌아갔죠.
이승만의 이러한 행보는 당시 상황을 스스로 어떻게 인식하고
있었는지를 명확히 보여줍니다. 이승만에게 4월 한 달은 그저
사춘기 아들딸의 '아양'이었던 거예요. 나라의 아버지이자, 대
한민국을 만들고 세운 국부이며, 공화국의 왕인 본인이 자식
들의 아양을 잘 어르고 달래면 된다는 생각이었죠. 이승만에
게 4월 혁명은 충분히 이겨낼 수 있는 '작은 소요'였던 겁니다.

하지만 이승만의 생각과 달리 길거리의 상황은 다른 방향에서도 불타오르고 있었어요. 이미 시위는 학생만의 것이 아니었습니다. 켜켜이 누적되던 대한민국의 전 사회적 문제가 터져버린 분화구를 통해 길거리로 쏟아져 나오고 있었어요. 혁명의 주체는 점점 학생에서 하층민으로 번져가는 상황이었어요. 딱히 시위를 주도하는 지도자가 있었던 것도 아니었어요. 누가 먼저랄 것도 없이 쌓여 있던 불만을 하나씩 들고 거리로 나와 스크럼(여럿이 팔을 끼고 횡대를 이루는 것)을 짰던 겁니다.

하층민의 시위는 밤에 주로 이루어졌어요. 날품팔이, 부두 노동자, 구두닦이, 넝마주이 같은 주로 도시 지역의 하층민이 밤 시위를 주도했어요. 이들은 캄캄한 밤의 어둠을 무기로 활용했습니다. 어두운 밤에는 신분이 노출되지 않기 때문에 더욱 효과적으로 시위를 이끌어갈 수 있었어요. 그간 억눌려 있던 아래로부터의 목소리가 밤거리에서 폭발한 겁니다.

이들의 시위에는 '먹고살기 힘듦'이 바닥에 깔려 있었어요. 앞으로도 잘 먹고, 잘살 기회가 없을 것이 너무나 명확한 지금의 상황이 그들을 거리로 불러낸 거죠. 이들의 요구는 학생이 외치는 구호와는 사뭇 달랐습니다. 그들에게 '학원의 자유화'는 남의 이야기였죠. 그들은 '밥'을 원했습니다. 단순히 당장 배고픔을 해결해달라는 것이 아니었습니다. 우리도 배불리 밥 먹을 수 있는 나라에서 살고 싶다는 열망이었어요. 4월 혁명은 학생 시위를 넘어 극단적인 빈부 격차에 대한 빈민 항쟁이기도 했던 겁니다.

한편 이승만은 여전히 본인의 책임을 미루며 상황을 악화시켜 나갔습니다. 4월 24일 이승만은 자유당 탈당과 함께 국무위원들을 사퇴시키고 개각을 하겠다는 성명서를 발표했어요. 2월의 대구 시위 이후 사실상 처음으로 한발 물러선 내용의 성명서였지요. 하지만 그 성명서에는 여전히 사과 따위는 없었고, 부정 선거에 관한 내용도 빠져 있었어요. 마치 '그래, 알았어. 아버지가 너희 못살게 군 형아 혼내줄게. 됐지?' 정도의 발표였던 겁니다.

4월 23일과 24일 양일간 보여준 이승만과 자유당의 상황 인식 수준은 대단히 낮고 저열했습니다. 당연히 상황은 수습되기보다 번지는 쪽으로 흘러갔어요. 그러던 중 4월 25일, 4월 혁명의 큰 분기점이 될 시국 선언문이 발표됩니다. "학생의 피에 보답하라"라는 대학교수들의 시위를 알리는 선언문이었어요. 교수들의 선언문은 조금 남달랐습니다. 이전까지 교수 집단은 대체로 학생 시위에 동조하지 않았거든요. 그런데 이제 아래서부터 올라온 혁명의 분위기가 사회 전 계층으로 확산되어 엘리트층에까지 번진 겁니다.

이번 4·19 의거는 이 나라의 정치적 위기를 극복하기 위한 중대한 계기다. 이에 대한 철저한 규정 없이는 이 민족의 불행한 운명을 도저히 만회할 길이 없다. 이 비상시국에 대처하여 우리는 이제 전국 대학교수들의 양심에 호소하여 아래와 같이 우리의 소신을 선언한다.

1. 마산, 서울, 기타 각지의 학생 데모는 주권을 빼앗긴 국민의 울분을 대신하여 궐기한 학생들의 순진한 정의감의 발로이며, 부정과 불의에 항거하는 민족정기의 표현이다.
2. 이 데모를 공산당의 조종이나 야당의 사주로 보는 것은 고의의 곡해이며 학생들의 정의감에 대한 모독이다.
3. 평화적이요, 합법인 학생 데모에 총탄과 폭력을 기탄없이

남용하여 대량의 유혈, 참극을 빚어낸 경찰은 '민주와 자유'를 기본으로 한 국립 경찰이 아니라 불법과 폭력으로 정권을 유지하려는 일부 정치 집단의 사병이었다.

4. 누적된 부패와 부정과 횡포로서의 민족적 대참극, 대치욕을 초래케 한 대통령을 위시하여 국회의원 및 대법관 등은 그 책임을 지고 물러나지 않으면 국민과 학생의 분노는 가라앉기 힘들 것이다.

5. 3·15 선거는 불법 선거다. 공명선거에 의하여 정부통령 선거를 다시 실시하라.

6. 3·15 부정 선거를 조작한 주모자들은 중형에 처해야 한다.

7. 학생 살상의 만행을 위에서 명령한 자 및 그 하수자는 즉시 체포, 처형하라.

8. 모든 구속 학생은 무조건 석방하라. 그들 중에 파괴 또는 폭행자가 있다 하더라도 그것은 동료 피살에 흥분된 비정상 상태하의 행동이요, 폭행 또는 파괴가 그 본의가 아닌 까닭이다.

9. 정치적 지위를 이용 또는 권력과 결탁하여 부정 축재한 자는 관, 군, 민을 막론하고 가차 없이 적발, 처단하여 국가 기강을 세우라.

10. 경찰은 학원의 자유를 보장하라.

11. 학원의 정치 도구화를 배격한다.

12. 곡학아세하는 사이비 학자와 정치 도구화하는 소위 문인, 예술인을 배격한다.

13. 학생 제군은 38선 넘어 호시탐탐하는 공산 괴뢰들이 군들의 의거를 선전에 이용하고 있음을 경계하라. 그리고 이남에서도 반공의 이름을 도용하던 방식으로 군들의 피의 효과를 정치적으로 악용하려는 불순분자를 조심하라.

14. 시국의 중대성을 인식하고 국가의 장래를 염려하여 학생들은 흥분을 진정하고 이성을 지켜 속히 학업의 본분으로 돌아오라.

– 단기 4293년(1960) 4월 25일, 대학교수단

그런데 대학교수단의 시국 선언문에는 이전의 시위대에서 주장하던 내용과는 다른 한 문장이 들어갔습니다. 바로 '대통령의 책임과 퇴진'이었어요. 대학교수들은 부정 선거의 주모자를 이승만과 자유당으로 규정한 겁니다. 이건 이전의 시위대가 주장하던 것과는 차원을 달리하는 문제였습니다. '문제

는 이승만 바로 너!'라고 타깃을 명확히 한 것이었죠.

이제는 정말 이승만과 자유당의 끝이 보이기 시작했습니다. 전국의 시위대 구호 속에 "이승만 퇴진", "이승만 하야"라는 문구가 나타나기 시작한 것도 이때부터였습니다. 이 변화가 꼭 대학교수들의 선언문 때문이었는지는 알 수 없습니다. 23일과 24일에 벌어진 이승만과 자유당이 벌인 '촌극' 때문이었을 수도 있죠.

어쨌든 명확히 이 시점부터 시위의 분위기는 달라졌습니다. 이제 이 모든 사태의 책임자는 이승만과 자유당이며, 이승만이 대통령 자리에서 당장 내려와야 한다는 공감대가 형성된 겁니다. '이승만의 하야'를 외치는 시위대의 규모는 점점 늘어만 갔습니다. 그러나 여전히 이승만은 경찰과 군을 앞세워 시위를 진압하려 시도했죠.

이승만의 끝없는 고집에 결국 중학생도 아닌 국민학생까지 시위에 참여하기 시작했어요. "부모 형제들에게 총부리를 대지 말라"라고 외치면서 말이죠. 국민학생이 시위에 참여하게 된 결정적 계기는 4월 19일 시가전에서 수송국민학교 6학년 학생인 전한승(13세)이 총에 맞아 사망하는 일이 일어났기 때문입니다. 다음에 인용한 글은 4·19 당시 수송국민학교 4학년 강명희가 쓴 〈나는 알아요〉라는 시입니다.

아! 슬퍼요
아침하늘이 밝아 오며는
달음박질 소리가 들려옵니다
저녁놀이 사라질 때면
탕탕탕탕 총소리가 들려옵니다
아침하늘과 저녁놀을
오빠와 언니들은
피로 물들었어요

오빠와 언니들은
책가방을 안고서
왜 총에 맞았나요

도둑질을 했나요

강도질을 했나요

무슨 나쁜 짓을 했기에

점심도 안 먹고

저녁도 안 먹고

말없이 쓰러졌나요

자꾸만 자꾸만

눈물이 납니다

잊을 수 없는 4월 19일

학교에서 파하는 길에

총알은 날아오고

피는 길을 덮는데

외로이 남은 책가방

무겁기도 하더군요

나는 알아요 우리는 알아요

엄마 아빠 아무 말도 안 해도

오빠와 언니들이

왜 피를 흘렸는지를

오빠와 언니들이

배우다 남은 학교에서

배우다 남은 책상에서

우리는 오빠와 언니들의

뒤를 따르럽니다

초등학생이 쓴 시라고 하기엔 비장하고 거침이 없습니다. 1960년의 국민학생이라고 지금의 초등학생과 크게 다르지 않았어요. 생물학적 연령도 낮았고, 아직 정치를 논하기에는 설익은 나이이기도 했어요. 하지만 시위대 대열의 한 자리를 차지한 당시 그 학생들의 얼굴을 보고 있으면 앳되어 보이는 얼굴 뒤로 간절함을 느낄 수 있습니다. 그만큼 사안은 심각했고, 변화된 세상을 향한 열망도 높았던 겁니다.

전국의 모든 상황이 이승만에게 백기 투항을 요구하는 쪽으로 흘러가고 있었어요. 국부이자 공화국의 왕을 향한 국민의 분노는 극단을 향해 갔습니다. 시위대를 향해 "감히 국부의 이름을 함부로 입에 올려?"라고 꾸짖을 건방짐이 남아 있을 여유도 이제는 없었습니다. 26일을 전후해서 결국 이승만의 주변에서조차 '하야'를 입에 담기 시작했어요.

'승리의 화요일'이라 불리는 4월 26일 오전, 경무대 밖 대한민국 전역은 '이승만 퇴진'을 외치며 요동치고 있었어요. 아침부터 서울시내 곳곳에서는 시위대가 흥분된 상태로 운집해 있었습니다. 시위대는 점점 국회의사당과 경무대가 있는 광화문 일대로 모여들고 있었어요. 시위 행렬은 점점 불어났고, 일부는 중앙청 쪽으로 이동하려고 했어요. 이승만과 가까워지고 있었던 겁니다. 계엄군은 최루탄과 공포탄을 쏘며 막아섰지만 시위대의 기세는 꺾이지 않았죠.

같은 시간 파고다 공원으로 몰려든 시위대는 이승만 대통령의 동상을 쓰러뜨렸어요. 쓰러진 동상을 끌고 종로 거리를 누비던 시위대는 세종로를 지나 서대문에 있는 이기붕의 집까지 행진하고 있었습니다. 한쪽에서는 이승만이 있는 경무대로 향하고 있고, 다른 한쪽에서는 이승만 동상을 '뽑아다가' 질질 끌며 그의 양아들 이기붕의 집을 향해 가고 있었던 겁니다.

시위대에 의해 정권이 무너지기 일보 직전, 계엄사령관 **송**

요찬은 시위대에서 다섯 명을 골라 '시민 대표'라는 이름으로 이승만과 면담을 할 수 있게 주선합니다. 그 면담 자리에서 이승만의 하야가 거론됩니다. 그러자 곧 이승만은 하야를 결심합니다. 10시 20분경 이승만은 스스로 사임할 것을 공식 발표하게 되죠. 다음과 같이 낭독하면서 말입니다.

나는 해방 후 본국에 들어와서 우리 여러 애국 애족하는 동포들과 더불어 잘 지내왔으니 이제는 세상을 떠나도 한이 없으

계란탁

송요찬

송요찬은 해방 이후 수도사단장과 육군 참모총장 등을 역임한 군인이자 정치인이었습니다. 해방 후 1946년 군사영어학교를 제1기로 졸업한 그는 1948년 10월부터 제주 4·3 사건 진압에 관여하게 됐는데, 이듬해인 1949년 1월 중령으로 진급하면서 강경 진압 작전을 강행하여 제주도에서 민간인 사상자가 발생하는 데 결정적 역할을 하기도 했습니다. 이후 다양한 공비 소탕 작전 등에 참가했고, 한국 전쟁 중 준장으로 진급하면서 수도사단장에 임명됩니다. 1954년 10월 육군 중장으로 승진한 뒤, 1959년 2월에 육군 참모총장이 됩니다. 4월 혁명 당시 계엄사령관이었지만, 유혈 사태를 최소한으로 막으면서 사태 수습에 일정한 역할을 합니다. 과도 정부 출범 이후에도 큰 논란 없이 지내다가 1960년 5월 참모총장직을 사퇴하게 됩니다.

나 나는 무엇이든지 국민이 원하는 것만 알면 민의를 따라서 하고자 한 것이며 또 그렇게 하기를 원하는 것이다.

보고를 들으면 사랑하는 우리 청소년 학도들을 의지하여 우리 애국 애족하는 동포들이 내게 몇 가지 결심을 요구하고 있다 하니 여기에 대해서 내가 아래 말하는 바를 할 것이며 한 가지 내가 부탁하고자 하는 바는 이북에서 우리를 침략하고 공산군이 호시탐탐하게 기다리고 있다는 것을 명심하고 그들에게 기회를 주지 말도록 힘써주기를 바라는 바이다.

첫째는 국민이 원하면 대통령직을 사임할 것이며, 둘째는 지난번 정부통령 선거에 많은 부정이 있었다고 하니 선거를 다시 하도록 지시하였고, 셋째는 선거로 있는 한 모든 불미스러운 것을 없애게 하기 위해서 이미 이기붕 의장이 공직에서 완전히 물러나겠다고 결정한 것이다. 넷째는 내가 이미 합의를 둔 것이지만 만일 국민이 원하면 내가 책임질 대안을 할 것이다.

이상은 이번 사태를 당해서 내가 굳게 결심한 바이니 나의 이 뜻을 사랑하는 모든 동포들이 양해해주어서 이제부터는 다 각

각 자기들의 맡은 바를 해 나가며 다시 질서를 회복시키도록 모든 사람들이 다 힘써주기를 내가 사랑하는 남녀 애국 동포들에게 간곡히 부탁하는 바이다.

경무대 앞은 만세 소리로 가득했어요. 시위대의 승리였고, 국민의 승리였습니다. 이승만이 스스로 사퇴할 것을 발표한 순간 국회는 빠르게 움직였습니다. 이승만의 하야 소식과 동시에 긴급회의가 소집됐어요.

그런데 여기서 작은 소란이 벌어집니다. '국민이 원하면 대통령직을 사임하겠다'는 내용 때문이었어요. 하지만 한번 기울어진 분위기는 그런 소란 따위에 꺾이지 않았습니다. 국회는 담화문의 내용이 담긴 이른바 '시국 수습 결의안'을 만장일치로 통과시키고 이승만의 대통령직 사퇴를 공식 수리합니다.

국회에서 결의가 마무리되고 이승만은 다음 날인 4월 27일 '국회의 결의를 존중한다'면서 대통령직 사임서를 국회에 전달합니다. 그러고는 이튿날 아침 경무대를 떠나 사저인 이화장으로 돌아갔어요. 그렇게 '공화국의 왕'을 꿈꾼 이승만은 '백성'의 손에 이끌려 쓸쓸하게 자리에서 끌어내려졌어요. 대한민국의 첫 대통령이자 첫 독재자였고 첫 탄핵과 혁명의 대상이었습니다.

그로부터 한 달 뒤인 1960년 5월 29일, 이승만은 하와이로 출국합니다. 하와이는 오랜 시간 이승만이 독립운동을 진두지휘했던 땅이었어요. 식민지 조선인의 설움을 계몽과 외교로 이겨내기 위해 고군분투하던 젊은 날의 열정이 가득한 곳이었어요. 하지만 이제는 그 땅으로 사실상 '추방된' 겁니다. 이후 이승만은 몇 차례에 걸쳐 귀국을 시도했지만 결국 실패했어요. 그 뒤 정권을 잡은 누구도 이승만의 귀국을 달가워하지 않았던 겁니다. 그러던 1965년 7월 19일 0시 35분, 지병으로 향년 90세의 파란만장한 삶을 마감합니다.

이승만은 그렇게 떠나갔고, 서울시내 곳곳에서 기세등등하게 우뚝 서 있던 이승만 동상은 무너졌습니다. 그의 양아들이자 부통령 후보였던 이기붕은 가족과 함께 자살을 택했습니다. 자유당은 순식간에 무너져 내렸어요. 그렇게 혁명은 '열혈 국민'의 승리로 아름답게 마무리된 걸까요? 불타오른 혁명의 불꽃을 이제 누가 책임지고 관리할까요?

#펄펄 끓이기
변화된 세상 속
변하지 않은 사람들

혁명이
바꿔놓은 세상

1960년 4월 26일 '승리의 화요일'에 국회에서 통과된 결의안에는 '이승만 대통령 즉시 하야'만이 담겨 있지 않았습니다. 그외에도 정부통령 선거 재개와 함께 내각제 개헌에 관련된 내용도 담겨 있었죠. 공식적으로 결의안이 수리되자 헌법에 따라 수석 국무위원이자 외무부 장관이었던 허정이 대통령 권한 대행으로 앉게 됩니다. 이른바 '허정 과도 내각'을 수립했던 겁니다.

여기서 잠깐, 정치권 밖의 이야기를 해야겠습니다. 자칫

4월 혁명이 정치인의 권력 다툼으로만 비추어질 것 같다는 생각이 스쳤거든요. 4월 혁명에서 군사 쿠데타로 분위기가 급반전되기 직전까지 약 1년간 전 사회적으로 벌어진 다양한 이야기를 해야 할 것 같아요. 많은 일이 벌어지기에는 비교적 짧아 보이는 기간이지만, 이 시기 대한민국에는 한마디로 설명하기 불가능할 만큼 복잡하고 역동적인 상황이 끝도 없이 펼쳐졌어요.

한편 이 시절은 대한민국 헌정사에 다시없을 만큼 '자유로운' 시기였어요. 이때야말로 다양한 계층의 사회 운동이 가장 활발하게 진행됐던 진정한 '해방'의 시절이었죠. 특히 가장 눈에 띄는 활동을 벌였던 이들은 바로 학생과 노동자 그리고 혁신계 세력이었습니다.

학생의 활동을 먼저 살펴볼게요. 앞서 확인했던 것처럼 혁명의 직접적인 주체 세력이자 시작점은 학생이었어요. 학생은 혁명의 신호탄을 쐈을 뿐만 아니라 4월 26일 이후에도 어느 정도 조직화된 모습으로 혁명을 멈추지 않고 이어 나갔어요. 이승만의 하야가 혁명의 끝이 아니라 시작이었음을 증명하듯 말이죠. 다만 학생이라는 신분적 한계 때문인지, 기성 정치권에 직접적으로 참여하지는 않고 질서를 유지하며 학원으로 복귀하고 말았습니다.

하지만 학생들은 교내에서 활발한 활동을 이어 나갔어요. '학내 민주화 운동'이라는 이름으로 말이죠. 각 학교에서 학생들은 '어용(본인의 이익을 위해 힘이 강한 권력자나 권력 기관에 기생해 줏대 없이 행동하는 것) 교수 및 무능 교수에 대한 퇴진 시위' 등을 전개하고, 어용 학생 단체였던 학도호국단을 해체하기도 했어요. 그리고 자율적인 학생회를 새롭게 조직하고 학내 민주화를 선도했습니다.

이 시기에 주목되는 학생들의 혁명은 대학생을 중심으로 전개된 '국민 계몽 운동'과 '신생활 운동'이었습니다. 대학생은 "조국과 민족의 복지 달성의 근본은 신생활, 신도덕에 있다"라는 믿음으로 전국적인 계몽 운동을 대대적으로 시작했어요. 대학생은 '자립 경제 확립'과 '외제 상품 및 향락 배격'을 주요 활동 방침으로 삼아 국민을 계몽하려 했습니다. 학생이 주도하는 이러한 움직임은 당시 심각한 경제난을 극복하는 하나의 방법으로서 사회적으로 큰 반향을 불러일으키기도 했어요.

더불어 '양담배 배격', '국산품 애용', '커피 안 마시기', '일본 가요 일소' 등의 구호를 외치며 마치 독립운동을 하듯 활동을 이어 나갔어요. 이런 구호의 특징은 '민족정기'를 회복하고 '외래문화'를 배격하자는 식의 애국적이고 독립적인 문구였다는 점입니다. 여기에 덧붙여 미국의 잉여 농산물로 인한 한국 농민의 피해를 지적하면서 미제 사용을 억제하자고 주장하기도 하는 등 당시로서는 대단히 급진적인 내용을 전파하기도 했죠.

학생들의 활동은 구호에 그치지 않고 행동으로도 이어졌어요. 양담배나 일본 음반을 수거해 불태우는 퍼포먼스까지 감행했죠. 이런 형태의 움직임은 당시 사회적으로 대단히 파격적인 모습이었고, 언론에서도 큰 관심을 가졌어요. 언론사는 학생의 '생활 계몽 운동'에 큰 기대감을 나타내기도 했습니다.

하지만 문제는 당시 대학생의 움직임은 대단히 투박했다는 점입니다. 그들의 주장은 뚜렷한 방향성 없이 '당신이 틀렸다!' 정도의 안티테제(하나의 주장에 대해 부정하고 대립하는 것)에

머무는 수준이었죠. 앞으로 사회를 '어떻게 만들 것인가'에 대한 구체적인 방향이나 계획은 찾기 힘들었어요. 이런 점이 아쉬움으로 남습니다.

그럼에도 학생들의 움직임은 조금씩 성장하고 있었어요. 학생들은 4월 혁명의 방향성을 "반봉건, 반외세, 반매판 민족통일"(1961년 고려대학교 4·18 선언)로 설정하고, 곧 통일 운동과 반미 자주화 운동으로 활동을 이어 나갈 것을 결의합니다. 서울대학교의 '민족통일연맹', 성균관대학교를 비롯한 전국 10여 개 대학의 '민족통일연구회'는 이와 같은 방향성에서 발족된 조직이었어요. '분단 구조 타파'야말로 한국이 나아가야 할 기본 방향이며, 4월 혁명의 진정한 완성이라고 본 겁니다.

학생과 달리 노동자는 그간 억눌려 있던 몸을 일으켜 세우며 '노동 운동'의 기지개를 켜고 있었습니다. 4월 혁명의 밑바닥에 경제 문제가 자리하고 있음을 상징적으로 보여주는 활동이 바로 노동자의 열정적인 노동 운동이었습니다. 불공평한 노사 관계를 바로잡고, 제대로 된 노동의 대가를 쟁취하기 위한 여정의 시작이었죠. 4월 혁명이 열어준 소중한 기회였습니다.

　노동자는 우선 자유당 정권에 기생하며 조직돼온 어용 노조를 비판하며 새로운 노동조합 결성을 위해 노동 쟁의를 시작했어요. 그러나 새로운 노동조합 창설은 쉽지 않았습니다. 자유당 아래 움직이던 기존의 어용 노조(**대한노동총연맹**)는 생각보다 탄탄한 조직이었습니다. 이런 조직을 와해하고 새롭게 구성하기란 여간 어려운 작업이 아니었어요. 철도를 비롯해 섬유, 광산, 체신, 전업, 전매 등 대부분의 산업 분야에서 새로운 조직 재편 시도가 무산되기도 했습니다.

　그럼에도 노동자는 끊임없이 노동조합을 만들었고, 그 조합을 통해 노동 쟁의를 이어 나갔습니다. 노동자는 그들의 자리에서 4월 혁명의 불꽃을 꺼뜨리지 않으려 노력했던 겁니다. 혁명 이전에 621개였던 노동조합은 혁명 이후 821개로 늘었고, 조합원 또한 30만 7000여 명에서 33만 3000여 명으로 8.6퍼센트 증가하는 추세였어요. 노동 쟁의 또한 혁명 직전 연간 100여 건에 달했던 것에 비해 혁명 이후 1960년 한 해에만 218건으로 두 배 넘게 증가했습니다.

혁명을 이끌어간 세력 중 우리가 마지막으로 기억해야 하는 사람들이 바로 혁신계로 불리던 진보적 정치 세력입니다. 이들은 혁명 이전부터 이승만을 중심으로 한 자유당 정권과 대립각을 세우며 진보적인 정치적 움직임을 보이던 티끌 같은 세력이었습니다. '진보당 사건'으로 큰 타격을 받았지만, 여전

깍두기

대한노동 총연맹

대한노동총연맹은 제1공화국 시기에 활동한 전국 규모의 노동조합이었습니다. 1945년 11월 5일 좌익계 노동조합 연합체인 조선노동조합전국평의회가 조직되자, 이에 대한 대응으로 우익 단체들이 1946년 3월 10일 '대한독립촉성노동총연맹'을 결성하게 됩니다. 이후 1948년 대한민국 정부가 수립되자 대한독립촉성노동총연맹은 대한노동총연맹(이하 '대한노총')으로 명칭을 변경합니다. 1953년 3월 8일 노동조합법이 시행되면서 노동조합이 재조직됐는데, 이때 대한노총도 재편성되어 전국노동조합협의회(이하 '전국노협')와 갈라졌지만, 이승만 정권이 전국노협의 합법성을 인정하지 않으면서 대한노총은 유일한 합법 어용 노동조합으로 남게 됩니다. 이후 4월 혁명 과정에서 노동계의 민주화 요구에 맞춰 1960년 11월 25일 대한노총계, 전국노협계, 대한노총을 탈퇴했거나 신규 조직된 노조 등 전국의 대의원 725명이 참석하여 대한노총과 전국노협의 통합 대회를 개최하고, 통합 조직의 명칭을 한국노동조합총연맹으로 결정하게 됩니다. 하지만 이후 1961년 5·16 군사 쿠데타로 강제 해산됐다가 재결성하게 됩니다.

히 민주당이 할 수 없는 진보적 정치 구호를 외치고 있었습니다.

혁신계는 혁명 이전부터 단일한 정치 세력으로 존재하지 않았어요. 조봉암을 필두로 했던 진보당 잔존 세력은 물론 사회대중당, 혁신당, 사회당 등으로 갈라져 있었죠. 혁명이 진행되는 와중에 7월 29일 총선을 앞두고 혁신계가 뭉쳐 단일 정당을 결성해야 한다는 분위기가 형성되기도 했습니다. 하지만 혁신계는 '선거대책협의회'조차 제대로 구성하지 못한 채 혁명 이후에도 여러 정당으로 쪼개져 총선을 준비해야 했어요.

선거 당시 혁신계 세력에서 들고 나온 정책 방향성은 대부분 '자주', '평화', '민주' 그리고 가장 중요한 '통일'과 관련된 것이었어요. 4월 혁명으로 '통일'이라는 말을 당당히 입에 담을 수 있게 됐고, 이를 적극적으로 활용하려 했던 거예요. 외세가 배격된 상태에서 남북이 하루빨리 정치 협상을 진행하고 통일 협의를 이어가야 한다는 내용이었죠. 특히 이들은 대학생의 남북 학생 회담 제의를 지지하면서 학생을 외곽의 지지 단체로 활용하려고 했어요. 지향하는 점이 비슷했고, 함께한다면 시너지 효과를 낼 수 있을 거라 기대했기 때문이에요.

그런데 여기서 냉정하게 따져 물어야 하는 질문이 있습니다. 혁신계가 통합된 정치 세력으로 총선과 지방 선거에 참여했다고 쳐도 과연 성공적 결과를 얻었을 것인가에 대한 근본적인 질문입니다. 아무리 혁명으로 다양한 민주주의의 방향성이 논의됐다고 하더라도, 한국 전쟁이 끝난 지 10년이 채 되지 않은 상황이었음을 기억할 필요가 있어요. 아직은 여전히 반공적이고 보수적인 분위기가 압도적일 때였습니다.

이 와중에 '철없는' 학생이나 외치는 '반외세 자주화'나 '민족 통일'을 정치 구호랍시고 들고 나온 정치인을 찍어줄 국민은 그리 많지 않았던 시기라는 겁니다. 이러한 평가는 혁신계가 당시 외친 정치 구호의 정당성과 방향성에 대한 폄하가 절대 아니에요. 당시의 시대적 분위기 그리고 국민의 눈높이가 혁신계의 정치 구호와는 많이 달랐음을 말하는 겁니다. 정치인의 사명은 결국 '당선'이고 정당이 이루어야 하는 것은 정권 창출입니다. 혁신계는 국민을 설득할 능력은 물론이고 시대의 흐름 또한 제대로 파악하지 못한 채 스스로 '혁명을 이끌어갈 주도 세력이다'라는 눈앞에 펼쳐진 당위만을 생각했던 겁니다.

결과적으로 혁신 계열 정당은 선거에서 사회대중당 민의원 네 명, 참의원 한 명 그리고 한국사회당에서 민의원, 참의원 각각 한 명씩을 당선시키는 것에 만족해야 했어요. 그야말로 참패였죠. 총선 패배를 겪은 혁신계는 이후 부랴부랴 세력 통합을 위해 노력하기 시작했어요. 그 일환의 하나가 진보 언론 창간이었고, 그 결과물이 바로《민족일보》라는 언론이었습니다.

자, 이제 다시 주류 정치권으로 돌아가 보겠습니다. 이렇듯 급격히 요동치는 사회적 분위기 속에 주류 정치권에선 무슨 일이 벌어졌을까요? 학생, 노동자, 혁신계가 기성 정치권으로 흡수되지 못한 채 각자의 공간에서 고군분투하고 있었던 바로 이때 말입니다. 과연 기성 주류 정치권에서는 혁명으로 펼쳐진 다양한 시민 사회의 요구를 받아들일 준비가 됐을까요? 아니면 새로운 비전을 제시하고 국민을 통합해 나갔을까요?

제대로 얽어걸린 사람들

앞서 살펴본 것처럼 이승만을 중심으로, 그것도 유일한 중심 축으로 뭉쳐 있던 자유당 정권은 일말의 저항도 하지 못하고 비참히 무너져 내렸습니다. 이후 상황은 급박히 흘러갔어요. 6월 15일 개정 헌법 통과와 함께 일주일 뒤인 6월 23일 새로운 선거법이 제정됐고, 7월 29일 국회의원 선거가 치러졌어요. 그리고 보름 뒤인 8월 12일, 양의원(민의원, 참의원) 합동 회의를 통해 장면이 국무총리로 선출되고, 윤보선이 대통령으로 선출됐습니다.

개헌을 통해 만들어진 의원 내각제 정부였기 때문에 사실상 국가수반은 장면 총리였어요. 4월 혁명이 일어나기 전부터 민주당은 헌법 개정을 주장하면서 의원 내각제를 강하게 밀어붙여왔어요. 제왕적 대통령제에 대한 반발이었죠.

아무튼 그렇게 만들어진 장면 내각을 우리는 흔히 제2공화국이라고 합니다. 제2공화국은 응당 4월 혁명으로 만들어진 정부임에는 틀림없었어요. 그 때문에 장면 내각은 4월 혁명의 정신을 정책에 반영하기 위해 애를 쓰기도 했어요. 제왕적 대통령제에 대한 반동으로 대통령을 의례적인 국가원수로서 존속시키는 대신, 정치적 실권은 국무총리에게 일임했죠. 게다가 국회 또한 민의원과 참의원으로 나누어 **양원제**로 바꾸고, 지방 자치 단체(시·읍·면)장 선거 또한 직접 선거로 바꾸었습니다.

이 자체만으로도 엄청난 변화였습니다. 장면 내각에 국민이 보내는 기대 또한 적지 않았어요. 장면 내각이 맞이한 최우선 과제는 무엇보다 혁명의 직접 원인이었던 자유당 인사들의 처벌과 구체제 청산 그리고 국가 경제의 안정과 번영이었습니다.

하지만 급하게 잡은 권력인 만큼 초기 운영은 미숙했습니다. 부정 선거에 가담했던 자유당 인사의 처벌조차 제대로 이루어지지 않았고, 경제도 여전히 엉망이었죠.

애초에 민주당 정권은 근본적인 한계가 있었어요. 그 한계란 바로 민주당이라는 조직 그 자체였습니다. 민주당은 이전 자유당 정권과 사실 정치적 지향점에서 본질적으로 큰 차이가

양원제

제2공화국 당시 양원제는 상원에 해당하는 참의원과 하원에 해당하는 민의원으로 구성됐습니다. 참의원의 정원은 민의원 정원의 4분의 1을 초과하지 않아야 했고, 임기 6년의 의원을 3년마다 2분의 1씩 개선하게 했으며, 피선 자격은 30세 이상으로 규정했습니다. 또한 민의원이 해산하는 경우에는 동시에 폐회되나, 국무총리의 요청이 있으면 국회 대행권을 가질 수 있었죠. 한편 양원 중에서는 민의원의 권한이 압도적으로 우월했습니다. 참의원은 국무총리의 지명에 대한 동의권 또는 국무총리의 선출권을 갖지 못했고, 국무원(國務院)에 대한 불신임권도 갖지 못하도록 제한을 두었고, 법률안과 예산안도 민의원에 먼저 제출됐습니다. 그러나 참의원은 민의원이 갖지 못한 헌법재판소 심판관의 3분의 1에 대한 선출권을 가질 수 있었습니다. 이상과 같은 과정을 거쳐서 성립된 초대 참의원은 58명이었습니다. 그러나 1961년 5·16 군사 쿠데타로 양원제는 폐지되고 단원제로 환원됩니다.

없었습니다. 어떤 나라를 만들 것인가에 대한 구체적인 어젠다는 부족했고, 내부적으로도 부패가 심해 구파와 신파로 나뉘어 서로 싸우기 바빴죠. 쉽게 말해서 사람만 바뀐 겁니다.

심지어 구파와 신파라는 구분은 정치적 성향이 아니라, 단지 사람을 기준으로 나뉜 것에 불과했습니다. 김성수·조병옥·백남훈·김도연·윤보선·유진산 등을 '구파'라 했고, 장면·곽상훈·박순천 등을 '신파'로 분류하는 식이었죠. 이들 신·구파의 당내 권력 경쟁은 사실 이승만 정권의 종말 이전부터 시작된 것이었어요. 1960년 대선 후보를 선출하는 1959년 11월 전당대회 때부터 시작된 신파와 구파 간의 대결은 여당과 야당의 다툼을 연상케 할 정도로 심각했습니다.

4월 혁명 이후 두 계파 간의 갈등은 대통령직에 윤보선을 선출한다는 합의점을 찾으면서 봉합되는 듯 보였습니다. 하지만 실제 내각 권력이 민의원 투표를 통해 신파였던 장면에게 돌아가자 갈등이 다시 촉발됐어요. 찬성 117표, 반대 107표라는 힘겨운 임명 절차를 거쳐 총리가 된 장면은 결국 처음부터 삐걱거릴 수밖에 없었습니다.

가장 든든한 우군이 되어야 할 소속 정당조차 제대로 장악할 수 없었던 장면 내각은 당연히 행정 추진력이 떨어질 수밖에 없었어요. 어쩌면 그들에게 정치적 성과를 기대하는 것 자체가 사치라고 여겨질 정도였습니다. 심지어 내각 수립 직후인 8월 31일 민주당의 구파 86명은 장면 내각과의 관계를 단절할 것이라 선언하고 '구파 동지회'를 따로 만들어 분당을 결정했어요.

이와 같은 민주당 내의 분열은 이념이나 정책과는 아무런 상관도 없는 것이었습니다. 사람에 따라 정치적 판단을 뒤집는 코미디 같은 상황 속에서 장면 총리는 내각을 구성하자마자 정치 조직이 붕괴되는 초유의 사태를 맞이했어요. 이를 해결하기 위해 민주당 신파는 장면을 중심으로 세력을 확장하려 했지만, 윤보선을 중심으로 뭉쳤던 구파는 꿈쩍도 하지 않았죠.

민주당이 4월 혁명의 과업을 정책적으로 실천한다는 모습을 전혀 보이지 않았던 것은 어쩌면 당연했어요. 민주당 세력의 정권 장악은 사실 그들의 정치적 역량을 통한 것이라기보다는 4월 혁명의 과정에서 얻어진 '타력에 의한 집권'이었죠. 민주당의 태생적 한계는 혁명 이후에도 봉합되지 못하고 대립을 더욱 견고히 하는 방향으로 나아갔습니다.

이제 문제들이 더욱 복잡하게 겹치기 시작했습니다. 당내의 파벌을 넘어 혁명 과정에서 분출된 국민의 목소리까지 껴안아야 했던 장면 내각이었으니까요. 우리는 이미 4월 혁명에서 분출된 다양한 사회적 요구를 확인했어요. 정치권 밖에서 혁명을 주도하는 다양한 주체도 확인했죠.

물론 각자의 한계는 있었지만 학생, 노동자, 혁신계 세력은 각자 자신의 뜻을 펼칠 수 있는 공간을 스스로 만들어가고 있었어요. 다양한 혁명의 주체가 펼쳤던 활동이 국민 대다수의 지지와 박수를 받지는 못했지만, 기존 정치권이 상상하지 못한 대안적 방향성을 제시했다는 자체로 의미가 있었고, 새롭게 구성된 정부는 이러한 요구를 어떤 방향에서건 껴안을 수 있는 역량을 갖추어야 했어요.

하지만 애초에 전혀 다른 집단이었던 장면 내각과 학생, 노동자, 혁신계 세력은 서로 간의 의견을 조율하기 힘들었어요. 특히 분단이라는 현실 그리고 이 현실을 어떻게 극복할 것인가에 대한 근본적인 '생각 차이'가 컸어요. 정치권 밖 혁명의 주체는 대단히 급진적인 이념에 근거해 반공주의에 반대하며, 분단이라는 근본적인 문제를 '평화 통일'로 해결하려 했죠. 이에 반해 장면 내각은 '분단 체제 극복'까지 정책 방향성을 이끌어갈 생각이 없었어요.

여기서 더욱 큰 문제는 북한이 대한민국의 변화에 관심을 보였다는 점이었습니다. 어수선한 대한민국의 분위기를 한 번 더 뒤집는 사건이 북한에서 시작된 거였죠. 바로 북한의 '연방제 통일 제안'이었습니다. 북한의 의중을 알 수 없는 통 큰 제안으로 한국 사회는 걷잡을 수 없는 혼란 속에 빠져들었어요. "가자 북으로, 오라 남으로"라는 유명한 캐치프레이즈도 바로 이때 만들어지기 시작합니다.

하지만 장면 내각은 이러한 통일 움직임을 단칼에 잘라버립니다. 장면은 통일을 입에 담는 혁신계 세력을 북한에서 지원금을 받아 움직이는 '불순 세력'으로 규정하고, 통일을 외치는 시민의 시위가 북한의 지령으로 자행된 것이라고 발표합니다. 장면 내각의 이러한 선택은 한국 사회의 극우 세력을 깨우는 효과를 낳았어요. 결국 시민 사회는 마치 1945년 해방 직후의 상황처럼 좌우 이념으로 양분되어 분열이 가속화됐습니다.

이렇듯 4월 19일 이후 한국 사회는 딱 한마디로 정리되기 힘든 상황이었어요. 학생 따로, 노동자 따로, 혁신계 세력 따로, 그리고 기성 주류 정치권은 또 전혀 다른 맥락에서 자신들의 싸움을 이어가고 있었죠. 이 글을 읽으면서 '그래서 뭐 어떻게 돌아가고 있다는 거야?'라고 느꼈다면 제대로 읽고 있는 것이 맞으니 걱정하지 않아도 됩니다. 1960년의 대한민국 상황이 그랬으니까요.

여기 또 하나의 눈여겨봐야 할 중요한 세력이 있습니다. '외세와 사대주의자' 척결을 외치며 '반공법과 국가보안법 철폐' 그리고 '정권 퇴진'까지 주장하는 급진적인 집회가 이어지던 한국 사회를 유심히 바라보는 이들이었습니다. 바로 미국이었어요. 미국은 4월 혁명이 통일론으로 이어지는 분위기를 가장 우려하고 있었어요. 게다가 그 통일론의 밑바닥에 자리한 외세 척결이라는 자주적 움직임을 대단히 경계하고 있었죠. 곧 이들이 '주한 미군 철수'라는 카드를 꺼내들 것이라고 생각했기 때문입니다.

미국은 한국의 시위 분위기를 장면 내각에서 잠재우길 원했고, 자연스럽게 자극을 시작했어요. 하지만 장면 내각은 정작 길거리 시위를 잠재울 수 있을 만한 정치적 역량을 갖추고 있지 못했습니다. 장면 내각에 대한 미국의 평가는 너무나 뻔했습니다. '무능'과 '우유부단'이라는 평가였습니다.

한편 경제 상황은 더욱 심각했습니다. 이 정도의 혼란 속에서 산업이 제대로 굴러간다는 것도 우스운 이야기겠죠. 경제 상황은 전반적으로 침체될 수밖에 없었고, 이를 타계할 방법을 찾아야 했어요. 4월 혁명의 결정적 방아쇠 중 하나였던 경제마저 무너진다면, 아니 국민에게 성장에 대한 희망을 주지 못한다면 장면 내각은 끝난 거나 다름없었어요.

그때 등장한 구세주가 바로 경제 제일주의를 앞세운 '경제 개발 계획'이었어요. 한국 정치에서 '경제'라는 말이 본격적으로 주요 의제가 되기 시작한 거예요. 이 계획으로 한국의 산업 구조를 공업화하기 위해 각 지역에 발전소와 도로를 건설하는 등 대규모 토목 사업을 구상하기도 했어요. 정부 직속의 경제 기획원을 신설하여 전체적인 국가 재정을 계획하고 평가하는 일을 기획하기도 했죠.

문제는 계획된 사업을 추진할 천문학적 예산을 어디서 마련하느냐 하는 것이었어요. 장면 내각은 미국의 경제 원조를 통한 예산 확보에서 답을 찾으려 했어요. 하지만 우리는 이미 앞에서 미국이 더 이상 무상 원조를 통한 한국의 재건에는 관심이 없음을 확인했죠. 바야흐로 미국의 대외 정책이 무상 원조에서 차관 원조로 변화하던 시점이었어요. 장면 내각은 그 럴싸한 계획만 세웠을 뿐 이를 현실화할 수 있는 돈을 제대로 마련할 수 없는 상황이었던 거예요. 변화되는 원조 방식을 어떻게 활용할 것인지는 머릿속에 없었던 거죠.

짧은 시간 존속했던 장면 내각(1960. 6.~1961. 5.)에 대한 너무 박한 평가일 수도 있겠습니다. 한국 현대사와 민주주의의 큰 흐름에서 장면 내각이 가지는 의의가 대단히 큼에도 말이죠. 더군다나 모두가 알고 있듯이 민주주의 혁명으로 탄생한 장면 내각이 군부의 쿠데타로 무너졌어요. 이런 사실을 알기에 우리가 너무 결과론적 해석을 하는 건 아닐까요?

장면 내각에 대한 역사적 해석은 둘째 치고, 앞으로 펼쳐질 역사적 상황을 어떻게 설명해야 할지 막막해지는 순간입니다. 대체 어쩌다가 이렇게까지 역사가 거꾸로 흘러가게 됐는지 설명하기가 어렵기 때문이에요. 장면 내각의 정치적 무능만으로 역사의 역행을 설명할 수 있을까요? 그리고 그때 한국 사람은 정말 군에 의한 쿠데타를 역사의 '역행'으로 생각했을까요? 도대체 왜 혁명의 광명 끝에 암흑의 그림자가 드리워졌던 것일까요?

광명 끝에
암흑이 있을지니

결과를 먼저 발설하자면, 장면 내각은 5·16 군사 쿠데타에 의해 몰락합니다. 혁명이 군대를 동원한 쿠데타에 의해 몰락했다니! 그럼 그렇게 '혁명'은 끝났을까요?

그런데 흥미로운 사실이 하나 있습니다. 쿠데타 세력은 5월 16일의 반란 행위를 스스로 '혁명'이라 명명합니다. 심지어 일부 군인은 그 혁명을 4·19 의거의 연장선으로 파악했죠. 신기하지 않나요? 마치 가장 극단에 서 있는 것처럼 보이는 두 사건을 당사자들은 '연장선'에서 바라봤다니요. 그럼 정말 군의 쿠데타는 혁명이었을까요?

　여기서 잠깐 군 내부 상황을 살펴볼 필요가 있습니다. 그들을 제대로 알아야 그들이 일으킨 반란 행위의 맥락을 파악할 수 있으니까요. 한국의 국군은 해방 직후의 국방 경비대에서 시작됐어요. 이들은 정부 수립 직전인 1948년 이전에 이미 총 병력이 5만 명을 넘어설 정도로 세력을 성장시켰죠. 이후 1948년 정부가 수립됨에 따라 정식 군대로 인정받을 수 있었고, 대한민국 국군이 됐죠.

　국군은 한국 전쟁이 발발하면서 양적 팽창을 거듭하게 됩니다. 어쩌면 당연했어요. 전쟁이 났으니 군이 팽창하는 것은 자연스러운 현상이었죠. 1950년 6월 총 병력이 10만여 명 남짓하던 국군은 전쟁 발발 후 휴전이 됐을 무렵 70만여 명을 상회할 정도로 그 규모가 급속히 커졌어요. 단기간에 급속도로 팽창된 군은 내부적으로 분열되어 파벌을 형성했어요. 마치 정치권과 같았습니다. 파벌은 크게 일본군 출신과 광복군 출신으로 나뉘었고, 일본군 출신은 다시 일본 육사 출신, 만주군 출신 등으로 세분화되어 파벌이 형성됐죠. 그야말로 엉망진창이었습니다.

이 와중에 또 다른 주체가 만들어지기 시작했어요. 바로 '대한민국 육군사관학교 출신'의 젊은 장교 집단입니다. 이들은 다른 파벌에 비해 상대적으로 계급이 낮고 경험이 적었지만, 그만큼 변화에 민감했고 자신들이 새로운 세상의 주역이 될 수 있는 변화를 원했죠.

그러다 4월 혁명이 터졌어요. 이때 혁명으로 열린 다양한 기회를 군 내부로 옮기려는 세력이 등장하죠. 서로의 '뿌리'를 두고 파벌을 형성했던 노회한 군인이 아닌, 애초에 대한민국 국군으로 성장한 젊은 장교들이었어요. 변화를 원하던 그들 앞에 전 국가적인 거대한 변화가 만들어졌으니, 그 기회를 잡은 겁니다.

변화에는 당위가 필요했어요. 4월 혁명의 가장 큰 당위가 3·15 부정 선거에서 나타난 부정부패였듯이 말입니다. 젊은 장교 집단 또한 군 내부의 부정부패에 칼을 드러냈어요. 이른바 '정군 운동'이었습니다. 그런데 정말 이들의 내면에는 군 내부의 부정부패에 대한 불만이 가장 컸을까요? 그들의 가장 큰 불만은 사실 '진급 적체'였어요. 특히 전쟁 중에 지휘관 역할을 하며 빠르게 진급해 장성급으로 올라간 선배들과 달리 본인들은 전쟁에서 직접 실무를 봤음에도 영관급에서 진급이 멈춘 것에 큰 불만을 갖게 됐던 겁니다.

여하튼 정군 운동의 주체 세력이었던 젊은 장교들의 약점은 바로 상대적으로 낮은 계급이었어요. 이들에게는 정군 운동을 이끌어줄 높은 계급의 우두머리가 필요했죠. 장성급 선배들과 싸우기 위해서 적어도 자신들의 입장을 지지해주는 장성급 장교가 필요했던 겁니다. 우스워 보이지만 그렇게 돌아가는 곳이 바로 군대입니다. 여기서 바로 유명한 한 사람이 등장합니다. 바로 당시 군수 기지 사령관이자 육군 소장이던 박정희입니다.

젊은 장교들은 정군 운동의 파트너로 박정희를 선택하고 4월 혁명 직후 활동을 시작합니다. 그들의 첫 목표는 이승만 정권 아래 호의호식하던 중장급 이상 장성의 퇴진이었어요. 가장 먼저 타깃이 된 사람은 다름 아닌 당시 육군 참모총장 송요찬이었습니다. 혁명이 시작된 지 채 한 달도 되지 않은 시점에 박정희가 송요찬에게 '부정 선거의 책임을 지고 용퇴하라'고 압박을 가했던 겁니다.

우두머리가 편지를 쓰니 뒤따르던 젊은 장교들도 움직이기 시작했어요. 육군 본부에 근무하던 김종필을 비롯한 육군사관학교 8기생이 중심이 되어 부정 선거와 부정부패에 책임지고 중장급 이상 장성에게 퇴진을 강요하는 연판장(하나의 문서에 두 사람 이상이 연달아 도장을 찍은 서장)을 작성했죠.

그들의 요구는 사실상 군 밖에서 벌어지던 혁명의 분위기에 올라탄 측면이 다분했어요. 부정 선거 과정에서 자유당에 협력한 고위급 장교 처벌, 부정한 방법으로 축재한 장교 처벌, 부패하고 무능한 지휘관 제거, 파벌주의 제거, 군의 정치적 중립 그리고 군인에 대한 처우 개선 등이 주요 요구 사항이었습니다. 젊은 장교들은 결국 하극상이라는 죄목으로 체포됐지만, 이들의 강력한 퇴진 요구로 인해 육군 참모총장이었던 송요찬은 결국 사퇴하게 됩니다. 하지만 거기서 마무리될 정군 운동이 아니었어요. 이승만의 하야로 혁명이 끝난 것이 아니

듯 군 내부의 정화 분위기는 계속 이어졌습니다.

장면 내각이 들어서고 나서도 정군 운동은 이어졌습니다. 정군 운동 주도 세력은 곧 국방부 장관을 찾아가 강력한 정군 추진을 건의하려 시도했지만 결국 만남은 불발됐어요. 이후 영관급 장교를 중심으로 구성된 16명의 젊은 군인이 최영희 연합 참모총장을 찾아가 자진 사퇴를 요구하는 사건이 벌어졌어요. 이른바 '하극상 사건'이 발생한 겁니다. 이 사건으로 최영희는 사퇴했지만 정군 운동 세력도 큰 타격을 입게 됐어요. 일부 장교가 '국가반란음모죄'라는 명목으로 처벌받게 된 겁니다.

분위기가 심상찮게 돌아가기 시작했습니다. 장면 내각이 정군 운동을 지지하지 않는다는 느낌이 강하게 불기 시작한 거예요. 장면 내각은 정군 운동 세력의 활동을 군대 내의 진정한 혁명적 변화라고 바라보지 않았던 겁니다.

이윽고 장면 내각은 군의 정규 진급 발표를 서둘렀어요. 그런데 바로 이 정규 진급 발표에서 육군 영관급 장교들이 진급

자에 포함되지 않게 됩니다. 쉽게 말해 정군 운동에 참여했던 육군의 영관급 장교들을 진급에서 제외한 겁니다. 장면 내각이 정군 운동을 반대하고 있음을 아주 선명하게 보여준 인사 조치였어요.

이 과정에서 함께 맞물린 사건이 있었습니다. 문제는 역시 돈이었죠. 앞서 살펴본 것처럼 장면 내각이 구상한 그들 나름의 경제 개발 계획을 추진하기 위해서는 막대한 국가 예산이 필요했어요. 그런데 이때 장면 내각이 군으로 빠져나가는 예산을 눈여겨보기 시작한 것이죠. 장면 내각이 생각했을 때 70만여 명이라는 지금의 군 병력은 너무 과잉되어 있었던 겁니다. 장면 내각은 끝내 국가 재정 보강을 위해 10만여 명 수준의 병력 감축이 필요하다는 판단을 하게 됐어요.

이제 정군 운동 세력은 본격적으로 머리를 다른 방향으로 굴리기 시작했습니다. '군이 문제가 아니구나'라는 생각 속에서 말입니다. 그들은 '장면 내각 자체'가 문제라고 생각하기 시작했어요. 진급도 실패한 이 마당에 군 병력을 축소한다니. 이들에겐 당장 살길이 막히게 생긴 겁니다. 이제는 밥그릇 싸움이었습니다.

하지만 뭐든 거창한 대의가 중요하죠. 정군 운동 주도 세력은 장면 내각이 4월 혁명의 진정한 의미를 알지 못하며, 혁명을 완수할 능력이 없다고 포장하기 시작했어요. 이후 정군 운동을 주동한 육사 8기생들은 장면 내각 타도를 계획하는 이른바 '충무장 결의'를 단행했습니다. 이 충무장 결의가 우리가 잘 알고 있는 5·16 군사 쿠데타로 자연스럽게 이어지게 되는 거예요.

혼란이 거듭되던 혁명의 공간에서 이제 총과 칼을 든 군인 세력이 떡하니 등장하게 된 겁니다. 장면 내각의 정치적 무능과 부패 그리고 사회적 혼란으로 인한 국가의 위기, 특권적이고 부정부패한 군 고위층과 민간 엘리트 축출, 사회경제적 발전과 대외적 안보를 위한 국토방위 등등. 5·16 군사 쿠데타의 당위와 명분은 너무나도 그럴듯해 보였어요.

그렇게 1961년 5월 16일 새벽, 제2군 부사령관인 소장 박정희와 8기생 주도 세력은 장교 250여 명 및 사병 3500여 명과 함께 한강을 건너 서울의 주요 기관을 점령합니다. 그러고는 곧바로 군사혁명위원회를 조직하여 전권을 장악하면서 군사 혁명의 성공을 알림과 동시에 다음과 같은 6개 항의 '혁명공약'을 발표했어요.

① 반공을 국시의 제일로 삼고 반공 태세를 재정비, 강화할 것
② 미국을 위시한 자유 우방과의 유대를 공고히 할 것
③ 모든 부패와 구악을 일소하고 청렴한 기풍을 진작시킬 것
④ 민생고를 시급히 해결하고 국가 자주 경제의 재건에 총력을 경주할 것
⑤ 국토 통일을 위하여 공산주의와 대결할 수 있는 실력을 배양할 것
⑥ 양심적인 정치인에게 정권을 이양하고 군은 본연의 임무로 복귀할 것

쿠데타가 터진 후 군 통수권자 중 한 사람이었던 장면은 잠적한 채 나타나지도 않았고, 또 다른 사람인 윤보선은 협박에 못 이겨 친쿠데타적 발표를 하기에 이르렀어요. 특히 장면은 쿠데타가 나자 가르멜 수녀원에 은신한 채 3일 동안 나타나지

않았죠. 이때 미국은 한국 상황에 개입하지 않는다는 목소리를 냈어요. 사실상 쿠데타에 대한 묵인 내지 수용이었습니다.

정군 운동에서 시작해 쿠데타까지 감행한 일군의 군인 세력은 한번 당긴 변화의 고삐를 놓지 않았습니다. 이에 화답이라도 하듯 육사 생도들이 '혁명'을 지지하는 가두 행진을 벌이며 시중의 분위기를 선도했어요. 얼마 안 가 그간 잠적했던 장면이 스스로 돌아와 내각 총사퇴를 결의합니다. 더불어 미국 국무부는 '혁명 정권이 공약한 유엔 지지와 사회 개혁 및 헌정 복귀를 찬양하며, 조속한 시일 내에 합헌적 절차로의 복귀를 촉구한다'는 성명을 발표하기에 이르렀죠. 그렇게 쿠데타는 성공을 향해 달려갔어요.

분명 민주주의 쟁취라는 역사의 흐름을 놓고 당대를 바라보면 4월 혁명과 5·16 군사 쿠데타는 역사를 거꾸로 돌려놓은 일종의 '역행'이었습니다. 문제는 우리가 지금 역행이라고 판단하는 상황을 당시 국민은 어떻게 바라봤느냐 하는 겁니다. 놀랍게도 4월 혁명을 주도했던 다양한 주체들조차 5·16 군사 쿠데타를 '환영'하거나 '기대'하는 분위기를 숨기지 않았어요.

"4월 혁명과 5월 혁명은 조국 재건의 근본이념에서부터 혁명 과업 완수의 도상에서 일치되어 있다"(1962년 고려대학교 4·18 2주년 학생 선언문)라는 학생들의 입장은 지금 우리 상식에서는 상상하기 어렵습니다. 혹시 군인들에게 협박이라도 받았던 것일까요?

꾸준히 강조한 이야기지만 4월 혁명의 정신을 이야기할 때 등장하는 '민주주의'는 명확한 듯 보이지만, '민주주의'라는 말은 애초에 다양한 지향으로 가득한 표현이에요. 그 가운데는 '우리도 한번 잘살고 싶다'는 지향과 욕망도 있는 거죠. 장면 내각이 경제 제일주의를 내세우며 경제 개발 계획에 열중하려 했던 것도 같은 맥락이었어요. 하지만 장면 내각은 무능했고, 결국 국민에게 '돈'을 선물해주지 못했죠. '견디고 이겨내면 결국 우리도 잘살 수 있게 될 거야!'라는 생각을 국민의 머릿속에 강하게 심지 못했던 겁니다.

하지만 쿠데타 세력은 달랐습니다. 깡패들의 목에 "깡패 생활 청산하고 바른 생활 하겠습니다"라고 적힌 현수막을 걸게 하고 서울시내를 돌아다니게 했죠. '우리가 진짜 나라를 바꾸겠습니다!', '이게 진짜 혁명입니다!'라는 신호를 이보다 강하게 표현할 수 있을까요? 더불어 일부 특권층이 독점한 특혜 또한 총으로 억눌러버렸어요. 쿠데타 세력은 이렇게 국민에게 지금껏 불공정했던 국가 사회를 새로운 비전을 통해 재건할 것이라는 믿음을 강하게 주기 시작했던 겁니다.

이렇게 5·16 군사 쿠데타는 자연스럽게 장면 내각을 대신해 4월 혁명을 이어 나가는 '혁명'의 또 다른 주체로 국민의 머릿속에 각인되기 시작했어요. 그러고는 군복을 제대로 벗지도 않은 채 쿠데타 2년 후인 1963년 선거라는 민주주의의 도구를 앞세워 정권을 완벽하게 장악해버리죠. 그리고 스스로를 유일한 '혁명의 주체'라고 선언하며 다른 주체들의 목소리를 총과 칼로 억누르게 된 겁니다. 그럼 이제 혁명은 끝난 걸까요? 이대로 혁명을 뺏긴 걸까요?

#끓인 라면으로 차린 미완성 식탁
이 책은 에필로그가 없다,
우리는 여전히 혁명 중이기에

다음은 5·16 군사 쿠데타 세력이 1962년 헌법을 개정하면서
작성한 헌법 전문입니다.

유구한 역사와 전통에 빛나는 우리 대한국민은 3·1 운동의 숭
고한 독립 정신을 계승하고 **4·19 의거와 5·16 혁명의 이념에
입각하여** 새로운 민주 공화국을 건설함에 있어서, 정의·인도
와 동포애로써 민족의 단결을 공고히 하며 모든 사회적 폐습
을 타파하고 민주주의 제도를 확립하여 정치·경제·사회·문화
의 모든 영역에 있어서 각인의 기회를 균등히 하고 의무를 완
수하게 하여, 안으로는 국민 생활의 균등한 향상을 기하고 밖
으로는 항구적인 세계 평화에 이바지함으로써 우리들과 우리
들의 자손의 안전과 자유와 행복을 영원히 확보할 것을 다짐
하여, 1948년 7월 12일에 제정된 헌법을 이제 국민 투표에 의

하여 개정한다.

– 1962년 12월 26일, 개정된 헌법 전문

어떤가요? 지금과 많이 달라 보이나요? 비슷한가요? 어쨌든 쉽게 예상할 수 있듯이 4월 혁명은 '의거'라는 이름으로 당당히 전문의 초반부를 장식하고 있습니다. 그리고 지금의 헌법 전문에 이르기까지 60년이라는 세월 동안 대한민국의 민주주의를 상징하는 일로 기억되고 있습니다.

이 책의 시작점에서 이야기했듯이 민주주의는 국민의 다양한 요구의 총합이자, 교집합이에요. 아직 민주주의를 향한 혁명은 진행 중이며, 시대가 원하는 민주주의는 끊임없이 변화하며 진보해왔어요. 다양한 모양을 가진 민주주의라는 꽃은 당대의 시민 사회가 바라는 핵심 이념을 보여주기도 합니다. 그리고 그 이념은 단 하나의 모습만을 의미하지도 않아요.

1960년 2월 대구에서 4월을 지나, 1961년 5월에 이르기까지 한국의 민주주의는 국민 각자의 방식으로 마음껏 상상되고 꿈꾸게 됐어요. 오랜만에 마주한 '자유'의 공간 속에서 예전과는 다른 미래를 상상하기도 했어요. 그것이 거칠게, 그리고 조직적이지 못한 채 배출되어 어지러워 보일 뿐이었죠. 그런데 누군가에게는 이 혼란이 매우 위험하고 위태롭게 다가갔을 수도 있어요.

여기서 중요한 것은 이 '혼란'을 책임져야 했던 사람들은 국민이 뽑아준 '국민의 대표'였다는 점이에요. 아무런 정당성, 대표성도 갖추지 못했던 일군의 군부 세력이 나라가 혼란스럽다는 이유로 총을 들어 해결해야 할 어떠한 명분도 없었다는 점을 기억해야 해요. 혁명을 이끌어간 다수의 주체가 '수습의 의무'를 군부 세력에게 돌려버린 그날부터 1960년 4월에 수많은 국민이 그렸던 대한민국의 다양한 민주주의의 방향은 폭력적으로 묵살됐어요.

우리는 역사를 배우고 있어요. 그리고 이 책을 통해 멀지 않은, 고작 60년 전 이 땅의 국민이 반민주적 정권에 어떻게 항거했고, 어떻게 혁명을 이끌어갔는지를 확인했어요. 그리고 그 혁명의 분위기가 어떻게 꺾일 수밖에 없었는지도 함께 지켜봤어요. 그리고 스스로 질문을 던져보세요. 지금 우리는 어떤 민주주의를 꿈꾸고 있을까요? 그때와는 다른 민주주의인 가요?

　이 책엔 에필로그가 없습니다. 민주주의는 결론이 정해진 것도 아니며, 끝맺음이 있을 수도 없는 거니까요. 다만 한 가지, '4월 혁명으로 시작된 민주주의를 향한 혁명은 끝나지 않았다'는 것만큼은 기억해야겠습니다. 여전히 우리는 더 나은 민주주의를 향해 혁명 중에 있고, 여러분도 그 혁명의 주체이니까요.

참고 문헌

단행본

강준만, 《한국현대사 산책》 1, 인물과 사상사, 2004

김행선, 《4·19와 민주당》, 선인, 2005

민주화운동기념사업회 연구소, 《한국민주화운동사: 제1공화국부터 제3공화국까지》 1, 돌베개, 2008

박태균, 《원형과 변용: 한국 경제개발계획의 기원》, 서울대학교출판부, 2007

백영철 편, 《제2공화국과 한국민주주의》, 나남출판, 1996

이영신, 《격동 30년: 제3권. 제2공화국》, 고려원, 1992

이용원, 《제2공화국과 장면》, 범우사, 1999

이정숙, 《혁명과 웃음》, 앨피, 2005

이현진, 《미국의 대한경제원조정책 1948~1960》, 혜안, 2009

정근식·권형택·송규진, 《지역에서의 4월혁명》, 선인, 2010

조광, 《장면 총리와 제2공화국》, 경인문화사, 2003

한국민족운동사학회, 《장면과 제2공화국》, 국학자료원, 2003

논문

강원택, 〈제2공화국 내각제의 불안정에 대한 정치제도적 평가〉, 《한국정치외교사논총》 30-2, 한국정치외교사학회, 2009

김수향, 〈1950년대 후반 이승만 정권의 농업정책과 그 한계〉, 《역사문제연구》, 역사문제연구소, 2020

김호준, 〈이승만정권기 실업교육진흥책의 추진과 성격〉, 《사학연구》, 2015

문병주, 〈제2공화국 시기의 좌절된 민주주의와 현재적 함의: 국가·정치·사회·시민사회의 관계를 중심으로〉, 《민주주의와 인권》 5-2, 2005

서중석, 〈이승만과 3·15 부정 선거〉, 《역사비평》, 2011

심지연, 〈장면 정부하의 정당구도 분석〉, 《한국정치연구》 9, 서울대학교 한국정치연구소, 1999

오승용, 〈제2공화국 민주주의와 혁신세력〉, 《민주주의와 인권》 8-1, 전남대학교 5·18연구소, 2008

이상록, 〈경제제일주의의 사회적 구성과 '생산적 주체' 만들기〉, 《역사문제연구》, 2011

정한울, 〈이승만의 권력 장악 과정에 관한 연구: 대중동원 및 반공 이데올로기의 역할을 중심으로〉, 《한국과 국제사회》 5-2, 2021

홍석률, 〈4월 혁명과 이승만 정권의 붕괴 과정: 민주항쟁과 민주당, 미국, 한국군의 대응〉, 《역사문화연구》 36-36, 2010

4·19 혁명 연표

기		
1945년	8월 15일	일본, 연합군에 무조건 항복
	10월 16일	이승만 귀국
	10월 23일	독립촉성중앙협의회 발족(회장 이승만)
	11월 14일	유엔 총회, 한반도에서 '인구 비례에 의한 총선거'를 실시하자는 미국 안 통과
1948년	5월 10일	5·10 선거 실시. 이승만 국회의원 당선
	5월 31일	이승만 국회의장으로 선출
	7월 20일	이승만 초대 대통령으로 선출
1950년	6월 1일	국민학교 의무교육 시작
	6월 25일	한국 전쟁 시작
1952년	1월 18일	대통령직선제 개헌안 부결
	5월 25일	부산 정치 파동. 계엄령 선포

	7월 4일	기립 표결로 '발췌 개헌안' 통과	
1953년	7월 27일		한국 전쟁 휴전 선언
1954년	5월 20일	제3대 국회의원 선거	
	9월 6일	자유당 '대통령 3선 개헌안' 국회 제출	
	11월 29일	'사사오입'으로 '대통령 3선 개헌안'을 불법으로 통과	
1956년	5월 15일	제3대 대통령 선거 실시. 이승만 대통령 당선	
1958년	1월 12일		경찰, 진보당 간부 간첩죄 혐의로 체포
	1월 14일	조봉암 국가보안법 위반 혐의로 체포	
승			
1960년	2월 3일	정부, 3월 15일 정부통령선거 실시 공표	
	2월 15일		조병옥 미육군병원에서 사망
	2월 28일	대구 초·중·고교 학생이 당국의 지시로 등교를 강요당하자 시위 시작	
	3월 1일	서울·대전·수원에서 학생 시위 발생	
	3월 8일	대전에서 학생 시위 발생	

3월 12일	부산·서울 학생 시위 발생	
3월 15일	정부통령선거 실시. 마산에서 학생 시위 발생	
3월 17일		이승만, 이기붕(정부통령) 당선
4월 11일	김주열 열사, 눈에 최루탄이 박힌 채 바다에서 시체로 발견	
4월 18일		시위하던 고려대생, 습격받아 10여 명의 부상자 발생
4월 19일	서울시내 대학들에서 총궐기 선언문 낭독 후 중앙청을 향해 행진. 정부, 계엄령을 선포하고 계엄군 진주	
4월 23일	부통령 장면 사퇴, 당선인 이기붕 사퇴 의사 발표	서울시 4·19 희생자 합동 위령제를 주관하자 학생들 반발
4월 25일	서울 각 대학교수 259명 '시국 선언문' 발표 및 시위	
4월 26일	대규모 시위 발생 후 이승만 하야 성명 발표	
4월 27일	이승만이 국회에 '대통령 사임서' 제출	
4월 28일		이기붕 일가가 경무대에서 시체로 발견, 자살로 추정

	5월 29일		이승만, 하와이로 출국

전

1960년	5월 3일	국무회의, 학도호국단 해체 결의. 이후 학생회 조직	
	7월 3일	서울대 등 국민계몽대 결성(각급 대학 신생활운동반 결성)	
	7월 29일	총선거 실시(민의원, 참의원)	
	8월 12일	제2공화국 대통령 윤보선 당선	
	8월 19일	제2공화국 초대 국무총리 장면 인준	
	11월 7일		사회대중당 창당준비위 등록
	12월 6일	사회대중당, 민주적·평화적 조국 통일 촉진 방안 발표	
1961년	5월 13일	민족통일전국학생연맹, 남북학생회담 지지. 민족자주통일중앙협의회, '남북학생회담 환영 및 민족통일촉진결의대회'	
	5월 16일	5·16 군사 쿠데타	

결

1962년	12월 26일	군사 정권, '4·19 의거' 정신을 개정 헌법에 삽입	
2022년	현재	아직 끝나지 않은 혁명